中国共産党支配の原理

巨大組織の未来と不安

[著]——
羽田野 主
TSUKASA HADANO

日本経済新聞出版

まえがき　「隣人」としたたかに付き合うには

謎の巨大組織を解明する

中国14億人を率いる中国共産党はいったいどんな組織だろうか。日本経済新聞社から北京市の清華大学に派遣されて中国語の研修を受けていたときに思わず考えさせられたできごとがあった。

2018年夏の日、清華大学の夏季休暇を利用してパリに転勤になった知人を訪ね、北京のマンションの自室に戻ったときのことだ。部屋に入ると壁に見覚えのない絵が2枚飾ってある。知らぬ間にだれかが無断で部屋に入ってかけていったのは明らかだ。恐る恐る照明をつけて何の絵だろうかと見入ってはっとした。パリの観光名所、「エッフェル塔」と「凱旋門」の絵だった。

ちょうどエッフェル塔と凱旋門を訪れて戻ってきたところだった。あまりにも奇妙なできごとに驚き、マンションの管理人に問い合わせたところ「ほかの部屋も同じように飾り

留守中に北京の自宅の壁にかけられていた「パリのエッフェル塔」と「凱旋門」の絵（2018年6月18日、筆者撮影）

ました。統一のサービスです」という返事があった。しかしマンションの部屋はそれぞれ所有者が異なるうえに、200室以上もある。私が留守にした数日の間にすべての部屋に入り絵を飾ったのだろうか。あまりにも合理性のない説明だ（後日、同時期に同じマンションで暮らしていた日本企業の駐在員に尋ねたところ、そんなサービスはなかったとのことだった）。

気味が悪いので部屋中をくまなく見て回ったところ、普段使っている学習机の真上の照明の周りに3つ穴が空き、チューブらしきものが顔をのぞかせている。まるで「盗聴していますよ」といわんばかりだ。当時、学生の身分で来ていた私はこれ以上、この問題に触れないことにして中国語の習得に励んだ。

語学研修を終え帰国後、旧知の外務省職員に話したところ、これは中国当局が得意とする「警告」の一種との分析だった。警戒している相手の留守中にこっそりと入り、部屋の備品をいじったり、置き場所を変えたりして「おまえのことを監視しているぞ」と暗に知らせるのだという。とくに私が研修前に政治部に所属していたことから警戒を高めたのだろうとの指摘だった。

研修中は中国のことを深く知りたいと考え、週末や長期休暇を利用して中国各地を訪ね歩いた。チベットや新疆《しんきょう》ウイグル自治区はもちろん中国の31省・直轄《ちょっかつ》市・自治区の大半を踏破し、台湾にも行った。中国当局は私があちこち詮索していると考えたのかもしれない。

真相はいまも藪の中だが、これほど外国人を警戒し、心理的な圧迫をかけてくる中国共産党は何を考えているのか。自分なりにもっと研究する必要があると考えた。いま思えば当時の私はあまりに中国のことを知らなすぎた。

子どもの頃に『史記』や『三国志』を読みふけり、古代中国の雄大な歴史にあこがれた。会社に入った2003年以降は中国経済がうなぎ上りで成長し、あっと言う間に日本を追い越した。そのダイナミズムに触れて現地で取材してみたいと思うようになった。

中国のすべてを指導するのは言うまでもなく中国共産党だ。歴史をふり返れば共産党は

1921年の結党時は若い知識人の集まりで、軍閥政府らに迫害されるなかでソ連のコミンテルン（共産主義インターナショナル）の指導を受けながら「秘密結社」として発足した。革命を起こそうとする過程で、党組織の軍隊化が進み、それはいまに至っている。共産党の立ち位置を日本の政党のようにとらえて理解しようとするとたちまちわからなくなるが、「軍」であるととらえると、統制政治を含めて多くの部分で合点がいく。

成り立ちがとても弱い立場から始まっているだけに、共産党はいまも外国や中国内の人々に対してでさえ守りの意識や警戒心が極端に強い。これが海外から見て中国をわからなくしている最大の要因の一つと言える。

「新時代」の笑えない話

日本と中国は「引っ越しのできない隣人」とよく言われる。だがその「隣人」ははるかに巨大で、何を考えているのか、どんな価値観を持っているのかよくわからない。日ごろの行いはますます尊大になっているように見えるし、実際に勝手にこちらの敷地にも踏み入ってくる。ざっくり言えば、これがいまの日本の中国に対する大まかな認識ではないか。

実際に中国で仕事したり、人脈を広げたりしようとしている人にはこれだけの「感覚」

ではやや物足りないだろう。中国人や中国企業とじかに付き合ううえで、いまや約1億人の党員を抱え世界最大の政党となった共産党の理解は不可欠だ。

こんな話がある。ある日本政府関係者が北京に赴任した直後、中国政府側に招かれスピーチを求められた。その場で「中国はいまや米国と並ぶ超大国だ。これからの『新時代』は政治の民主化を進めることではないか」とあいさつしたところ、会場が静まり返った。

中国では政治の民主化は共産党の下野を意味することから絶対のタブーだ。それと習近平《シー・ジンピン》時代を意味する「新時代」というキーワードを知らずにかけ合わせて使ったために、習体制の否定のニュアンスとして伝わってしまったのだ。スピーチが終わって会場をあとにするまで、中国政府側の出席者は誰一人目も合わせようとしなかったという。

これがスピーチをした本人の意図に反するのであればお互いにとって不幸な話だ。謎めいて見える共産党員だが、一人ひとりはごく普通のまじめな中国人であることも多い。だが共産党という組織に所属する以上、彼らに建前もあれば触れられたくない話もある。相手を知って付き合えば、無用の衝突を回避したり妥協点を見出したりすることもできるのではないか。

共産党の「憲法」で読み解く

本書は外から不可解に見える共産党の組織原理を読み解き、日本人が中国とうまくしたたかに付き合うためのヒントになればと思い書いた。とくに注意したのは中国の憲法よりも上位に置かれ、共産党員が最も重視する「共産党規約」の読み解きだ。一見とっつきにくいが、じつは習近平総書記をはじめ、党の最高指導者はここに自らの名前を彫り込むために壮絶な権力闘争をしてきた。党規約の理解なしに共産党ひいては中国理解は不可能と言ってもよい。

党規約には党組織の末端に関する規定が数多くある。中国では会社、学校、町内会、政府機関などあらゆる場に党組織が設けられており、彼らは党規約にもとづいて活動している。末端組織は党中央が決めたことを実行に移す手足となるが、じつはそれだけではなく、現場の意見を吸い上げるための機能も果たしてきた。日米欧のような民主主義国家の選挙がない代わりに、この上と下の双方向性がじつは中国を支えてきた。共産党の神経細胞のような存在だ。

共産党統治の強さの秘密とも言えるが、昨今は習氏一強を進めるあまり党の末端まで締め上げ、上意下達のみの一方通行になってきている。組織の硬直化が進み、ダイナミズムが失われている。共産党も一種の「大企業病」にかかりつつあるのではないかという問題提起をしたい。末端組織の動向はじつは中国の国力を見通すうえで不可欠な要素となる。

巻末には最新の党規約の全文訳を掲載した。中国全体を規定しうる党規約であるにもかかわらず、日本国内で全文訳がほとんど見当たらないため、記録しておく必要があると考えた。難しい言葉も多いが、共産党の雰囲気を感じ取ってもらえれば幸いだ。

日中間には数多くの問題が存在するが、相手のことをよく理解し、お互いの利益になる分野があれば協力する。日中お互いに学ぶべき点があることに異論のある方は少ないだろう。そして筋の通らない主張には、ぶれずに反論する。こんな関係構築が求められている。

目次

中国共産党 支配の原理 巨大組織の未来と不安

第2章

軍を握っているか

共産党トップの条件

第3章 民意を問えない巨大集団

第4章

つきない地下水脈

共産党と米国 139

第5章 食と農

共産党のアキレス腱　175

第6章 終わりの始まり?

共産党の死角 209

中国共産党
支配の原理
巨大組織の未来と不安

第1章

すべてがヴェールに

秘密結社として生まれた共産党

おびえる共産党

中国共産党はソ連のコミンテルンの指導を受けつつ「秘密結社」に近い存在で始まった。「秘密主義」や「鉄の規律」「絶対服従」が共産党の組織原理になるのは、コミンテルンから学んだ党規約によってDNAがいまなお引き継がれているためだ。

中国共産党の原点を探るため、上海市でかつてのフランス租界にあった第1回共産党大会の跡地を訪ねた。ここは1921年7月に後に建国の父と呼ばれる毛沢東らが秘密裏に集まり、結党を誓い合った場所だ。党創立メンバーの一人、李漢俊とその兄が住む高級住宅だった。兄は広東政府に勤める高級武官で当時は出張中だったため、官憲の目を逃れて集まるには最適の場所だった。

市中心部の喧噪から離れた閑静な場所にあり、上海独特の建築様式で、まるで倉庫のように高い塀に囲まれ、頑丈な扉によって守りを固めている。保存された家の内部も参観できるようになっている。入ってみると会議が開かれた部屋の奥に裏口があり、会議の途中で不測の事態が起きれば、すぐに脱出できる造りになっている。秘密会合にはぴったりの場所だ。

2021年5月の大型連休に訪れたときは、同年7月1日の共産党創立100周年の記念日を前に、全国から政府・党機関の職員や学生らがひっきりなしに訪れていて、会場の跡地をバックに記念撮影しようと行列ができていた。小学生くらいの子どもも多くいた。

ここまでなら一見どこの観光地でも見られる光景だ。だが、後ろをふり返りぎょっとした。20メートルほど後ろに中国で治安維持を担当する人民武装警察部隊（武警）の一団がこちらににらみをきかせている。武警は長いライフル銃を持ち、不測の事態があれば直ちに引き金を引ける態勢をとっている。隣の通りには公安（中国の警察）や武警の車両が複数配置され、まるで凶悪事件でも起きたかのような臨戦態勢だ。訪れた観光客もあまりの厳戒ぶりを目の当たりにしてどことなくぎこちない。

ここが共産党のトップ、習近平総書記ら党の最高指導部が執務室を構える北京の中南海の近くならまだわかる。要人の警護は世界共通だ。だがすでに観光地と化した100年前の党大会の跡地にまで武警を出動させ、人民に銃をちらつかせるのはなぜか。ここで「共産党は丸腰の人民に銃を向けるひどい組織だ」と糾弾するのはたやすいし、それは否定もできない。だがむしろ彼ら自身が何かにおびえ、不安にかられて銃を握りしめているように見える。

共産党を語るうえで欠かせないのは、彼らが結党して権力を握るまで時の軍閥政府や国民党に圧迫され続けたという被害者意識だ。実際に第1回党大会も途中で官憲に踏み込ま

第1回共産党大会跡地、観光客のすぐ後ろで銃を持った武警が警備する（2021年5月3日、筆者撮影）

れ、会議は一時中止に追い込まれた。上海に近い浙江省嘉興《せっこうしょうかこう》市にある南湖《なんこ》に場所を移し、屋形船を借りて湖の上で会議を続行した。2021年に公開された中国映画「1921」には、屋形船の外側に女性を座らせて官憲の目をあざむく場面が描かれている。あまたの危機を代償も払いつつくぐりぬけてきただけに生存本能の強さは並大抵ではない。それが1億人近い党員をもつ巨大組織を動かす原動力になっている。

あれから100年を経て中国で最高権力を握ったいまでも、当時の記憶は過剰なまでの「防御の意識」として党内で生き続けている。鄧小平の改革開放以降、経済大国の道を歩み、いまや米国の背中をとらえるまでになった。中国のハイテク監視による治安の高さは米国の比ではない。それでも本音で人民を信用できず、常にだれかに攻撃されないか、身内にスパイがいるのではないかとおびえ続けている。平和な上海市の町中の異常な厳戒態勢は共産党が内に抱える不安を見事に映し出していた。

もう一つの原点

中国共産党の早期成立に深く関わる場所がもう一つある。北京市南側にある陶然亭公園にある陶然亭慈悲庵だ。公園の立札では「共産党の創建時期に知識人たちがひそかに集まって秘密活動を開いた場所の一つ」と紹介されている。

1919年に中国人の愛国心に火がついた五・四運動が始まり、その流れを受けて1920年に後に共産党の結党につながる二つの秘密会議が開かれている。

一つの会議の主役は後に建国の父となる毛沢東だ。当時の毛沢東は故郷の湖南省から北京に出てきて、共産党の創設期のメンバーである陳独秀や李大釗《リーダーヂャオ》らの影響を受け革命への意欲に燃えていた。

湖南省を支配していた評判の悪い北洋軍閥湖南総司令の張敬堯を倒すべく、地元の同志たちと陶然亭慈悲庵にひそかに集まり、策を練っている。時に1920年1月18日、同志らと記念撮影した写真がいまも展示されている。

もう一人の主役はのちに毛沢東を支えた周恩来だ。当時の周恩来は日本への留学を終え、天津市の南開大学に入学。五・四運動に触れて学生運動のリーダーとなって頭角を現していた。周恩来が率いた覚悟社や李大釗の指導する少年中国学会など5団体20人あまりが集まり、今後の革命の方向や協力体制のあり方を話し合った。通称「五団体会議」と呼ばれる。

彼らは何を話し合っていたのだろうか。現地の展示室に覚悟社の成立初期に招いた講師と講演内容という一覧表が紹介されていた。初回は李大釗で、座談指導とある。当時の共産党はまだ結党前で、リーダーたちも思想家や理論家が中心だった。革命精神について若者らしい青臭い議論をしていたのかもしれない。

日にちを変えて日本留学経験のある魯迅の弟である周作人を招いて「日本の新しい村の精神」を語らせている。「白話詩」や「白話文学」というテーマもあった。これは当時、庶民にもわかりやすく伝える白話運動が起きていたためだ。革命には庶民の支持が欠かせないという思いがあったのだろう。日本に留学をしていた包世傑らを招き「救国問題」についても議論している。ここに集まったメンバーは思想は違えども、明治維新の志士のような悲壮な思いで集っていたに違いない。

陶然亭慈悲庵は李大釗が率いた少年中国学会会員だった陳愚生という人物が「墓を守る」という名目で2間の部屋を借りた。これが秘密活動の拠点となった。毛沢東と周恩来はまだ知り合っていなかったとみられる。

しかし当時の北洋軍閥政府からすれば危険極まりない反政府主義者による密会だ。捕まれば殺されたかもしれない。いったい慈悲庵とはどんな造りなのだろうか。地下活動の名前の通り地下室のような隠れ家を想像していたが、公園の入口から遠くに浮かぶ慈悲庵を眺めて、やや興ざめしてしまった。公園の中心部分の高台にあり、どこからでも確認することができる。外観だけならほぼ丸見えと言っていい。秘密会合にはいかにも不向きにみえる。共産党の「伝説」を誇張するためによくつくられたのだろうか。

だが高台を登り、慈悲庵の周りをぐるりと歩いてみて合点がいった。たしかに公園のどこからでも慈悲庵を確認することはできるが、逆に慈悲庵からも公園内を360度どこでも見わたせる。これでは北洋軍閥の官憲がひたひたと忍び寄るのは極めて難しい。高台への登り口は3カ所しかなく、見張りは数人もいれば足りただろう。

あっけらかんと開放的なのはじつは守りに最も適した地形なのだ。ここで頻繁に会合が開かれていたというのもうなずける。当時の公園を写した写真も飾られていたが、地形はほとんど変わっていなかった。

1921年7月に上海で開いた第1回党大会も途中で官憲に怪しまれ、会場の移動を余儀なくされた。一行は浙江省の南湖の屋形船を利用して大会を続行している。見晴らしのよい陶然亭で官憲の監視の目をくぐり抜けた成功体験が彼らにそうさせたのかもしれない。

結党の絵を描いたロシア人

陳独秀や李大釗が協力して共産党を結党し、毛沢東が率いた共産党（軍）が抗日戦争を戦い抜き、国民党との内戦を勝ち抜いて、中国建国にこぎつけた。これが中国で語られる表のストーリーだが、じつは党創立を背後から支えた極めて重要な人物がいる。コミンテルンの使者、グレゴリー・ヴォイチンスキーだ。

コミンテルンは正式名称を「共産主義インターナショナル」といい、ロシア共産党の影響下にあった世界各国の共産党の国際組織だ。1919年にレーニンの主導によりモスクワで設立し、世界各国でプロレタリア独裁を目指す共産主義運動を指導することを目的とした。英国の労働者がロンドンで組織した世界最初の労働運動組織「第一インター」やフランスの労働者によりパリで結成された労働運動組織「第二インター」とも区別され、「第三インター」と呼ばれる。

若かりし頃の毛沢東がアルバイトした北京大学の図書館（2022年4月3日、筆者撮影）

ロシア人のグレゴリー・ヴォイチンスキーは1920年にコミンテルンの一員となり、コミンテルン実行委員会極東支局の副支局長に就任。中国に派遣された。その目的は社会主義革命のノウハウを伝え、中国各地に共産主義グループを組織させることだった。共産党初期メンバーに活動資金を配って歩いたことも判明している。

ヴォイチンスキーは、北京大学にいたロシア人の紹介で同大学教授をしていた李大釗と北京大学の図書館で会っている。この図書館は当時まだほぼ無名の毛沢東がアルバイトとして働いていたことでも知られる。ひょっとしたら顔くらい合わせたのかもしれない。

ヴォイチンスキーは李大釗の紹介で上海

に赴き陳独秀とも会談している。そこで活動資金をわたし、中国語版『共産党宣言』の出版費用に充てたことがわかっている。陳独秀の依頼を受けて第1回党大会に出席することになる包惠僧の回顧録によると、武漢に共産主義グループを立ち上げる際にもヴォイチンスキーが資金を提供したと明記されている。

ヴォイチンスキーの詳しい足取りはいまなお謎に包まれており、当時の現場を訪ね歩くことは難しい。中国全土を飛び回り、必要な資金を提供して歩いたのは間違いないようだ。全国主要箇所に「共産主義グループ」ができあがるのを見届けるようにして、ソ連に引き揚げた。

その後、コミンテルン中央から今度は使者マーリンとヴォイチンスキーの交代要員としてニコルスキーがやってきた。両者とも第1回党大会を開くように働きかけ、彼らも共産国際派や赤色職工(赤色労働組合インターナショナル)代表として党大会に出席している。彼らも党創立メンバーを資金面で支援している。

陳独秀や李大釗らが命懸けで結党のために奔走したのは間違いないが、ヴォイチンスキーらの社会革命をめぐる手法や資金がなければ活動はできなくなったかもしれない。ヴォイチンスキーの暗躍なくしていまの共産党はないとも言える。

ヴォイチンスキーは日本で言えば明治維新で薩長連合に武器や弾薬を売り込み、背後から支えた英国のジャーディン・マセソン商会の代理人、トーマス・グラバーに近い存在と言えるかもしれない。グラバーは長州藩の伊藤博文や井上馨らの英国への密留学を支援した。薩摩藩の五代友厚や寺島宗則、森有礼らの極秘の訪欧も手助けしている。日本の近代化を助けたのがグラバーとすれば、共産党結党の絵を描いたのはヴォイチンスキーだ。「革命期」にあって外国の知識や経験、資金を借りるのはある意味必然的で、やむをえないこととも言える。だがこれほど重要な人物であるにもかかわらず、中国共産党が結党から100周年を記念して2021年に出版した『中国共産党簡史』にヴォイチンスキーの名前はほんの一部しかでてこない。

中国共産党の結党の絵を描いたコミンテルン創立期の有力者、グレゴリー・ヴォイチンスキー氏（中国メディアより）

　結党までの物語を描いた国策のテレビドラマ「覚醒年代」では、終盤にようやくでてきて陳独秀と李大釗に「できるだけ早く無産階級の政党を成立させるべきだ」と語りかけている。2022年に出版された4冊組みの『中国共産党百年史』で毛沢東編にわずかに名前がでてくるが、具体的に何をしたのかは記されていない。

中国近代史に詳しい中国メディア関係者は「ヴォイチンスキーの存在は党にとっていまや敏感な問題で、公の場で議論しにくい」と話す。中国人の中国人による中国人のための結党物語を強調したいのだろう。中国共産党を中国人が主導してつくったのか、コミンテルンに言われるままに結党したのかは、たしかに根源的な問いとも言える。

その後の中国共産党がソ連の全面支援を受けて国民党との内戦に勝ち、政権を奪取したのは広く知られるところだ。こうした歴史的経験から中国は一貫して外部の勢力が中国に影響を及ぼすことを「和平演変（平和的転覆）」と呼んで警戒してきた。2005年以降はカラー革命という呼び方も多用している。

中国で暮らしていると、外国が中国をおとしめようとしているとする「陰謀論」が年中流されていることに気づく。いまでも新型コロナウイルスは米国政府が武漢で意図的にばらまいたのが始まりと信じている中国人は少なくない。香港の民主化を求めるデモも米国や英国の諜報機関が香港の若者をそそのかしたとの認識が幅をきかせている。これほどまでに共産党が外国の関与を警戒するのは、自分たちの結党にも外国が深く介在していたという「秘密」があるからかもしれない。

幻だった「綱領」

中国共産党は第1回の党大会で最も大事な「綱領」を定めている。結党後の戦争や混乱などで滅失し、しばらく幻とされていたが、党大会に出ていたソ連のコミンテルン代表が記録にとっていたとされる資料が、1956年12月に中国共産党の手にわたり翻訳されている。合計15条で、結党の原点を見るうえで欠かせない要素となっている。

中国共産党をめぐる結党史の第一人者の京都大学の石川禎浩教授の分析によると、共産党は当時手元にあったアメリカ共産党の規約や綱領を参考にして第1回党大会用の規約草案、決議草案を作成した。当時の実力以上の目標を掲げる大会文書が作成されたと指摘している。中国共産党と米国は経済利権をめぐって深く結びついているが、じつは共産党規約の原型でも米国と接点があったのは興味深い。以下、ご紹介する。

第1条　われわれの党の名前を中国共産党と定める。

→党名はすでに日本に留学して共産党思想に触れていた陳独秀や李大釗らの間で共産党と

することが決まっていたが、ここで改めて確認した。

第2条(1)　革命軍隊はプロレタリアート（労働者階級）とともにブルジョア（資本家）階級の政権を打倒しなければならない。社会的階級区分がなくなるまで労働者階級を援助しなくてはならない。

↓この時点で自らの存在を「軍隊」と規定している。
(2)階級闘争が終わるまで、すなわち社会の階級区分が消滅するまでプロレタリア独裁を認める。
↓結党時にすでに独裁を意味する「専政」の言葉が使われている。
(3)資本家の私有制を消滅させ、機械、土地、工場や半製品などの生産手段を没収する。
(4)第3インターナショナルと連合する。
第3条　わが党はソビエト統治制度を承認し、労働者、農民、兵士を組織し、社会革命を政策の主要目的とする。中国共産党はブルジョア階級の知識人およびそれに類似するほかの党派とのいかなる連絡も徹底的に絶つ。
第4条　およそわが党の綱領と政策を承認し、忠実な党員となることを希望するものは、党員一人の紹介によって、性別、国籍を問わずに、すべて党員として受け入れ、われわれの同志となることができる。しかし、われわれの綱領に反する党派や集団との関係を断ち切らなければならない。

↓性別や国籍を問わないと謳いつつ、当初から党員による紹介制が採用されている。いまでも入党手続きを始める際には2人の党員による紹介が必要だ。後段では異なる価値観をもった集団との関係を断ち切るべきだとしており、排他性を強めて内部の結束を重視している点が読みとれる。

第5条　新しい党員を受け入れる手続きは次の通りで、紹介された人は必ずその所在地の委員会の監察を受けなくてはならない。監察期間は少なくとも2カ月とする。監察期間を過ぎた後、多数の党員の同意を得て党員となる。当該地区に執行委員会がある場合は、執行委員会の承認を得なければならない。

↓現在も入党一歩手前の予備党員になった場合には1年間の監察期間が定められている。当時弱小勢力で中国各地の支持者の広がりを渇望していた共産党だが、実際に身内に入れるには高いハードルを課している。内部に忍び込むスパイや裏切りを警戒していたのだろう。

第6条　党が秘密状態にあるとき、党の重要な主張と党員の身分を守らなければならない。

↓初期の共産党員は身分を隠して国民党や軍閥政府に忍び込み、機密情報などを持ち出して形勢の逆転をうかがっていた。秘密性や秘匿性を非常に重んじる組織であることがうかがえる。

第7条　各地方において、党員が5人以上いる場合には、必ず委員会を設立しなくてはならない。

↓現在は党員が3人以上いる場合には、最も小さい党組織である支部を設立することになっている。党が中国を隅々まで支配する大事な規定で、当初からあった。

第8条　委員会の党員は以前の所在地の委員会書記（現地のトップ）の紹介で、別の地方の委員会に移ることができる。

↓党員の異動も現地のトップの許可を必要としている。すでに軍隊並みの規律が導入されている。

第9条　党員が10人を超えない地方委員会には、トップの書記を1人置く。10人を超える場合には財務委員、組織委員、広報委員をそれぞれ1人ずつ置く。30人を超える場合には委員会のメンバーのなかから実行委員会を選出する。実行委員会の規定については以下に述べる。

↓トップの書記のほかに、財務委員、組織委員、広報委員に言及している。共産党は当初から組織を強くするためにカネ、人事権、宣伝工作（プロパガンダ）を重視しており、これが過酷な生存競争を勝ち抜くカギとなった。

第10条　労働者、農民、兵士、学生など地方組織の人数が多いときは、ほかの地方に派遣して仕事をさせることができる。ただし、必ず現地執行委員会の最も厳しい監督を受ける。

第11条　（遺漏して残っていない）

第12条　地方執行委員会の財政、活動、政策は中央執行委員会の監督を受けなくてはならない。

第13条　委員会の管轄する党員が500人を超えるか、同一地区に委員会が5つ以上あるときは、執行委員会を設置しなければならない。全国代表会議は同執行委員会に10人を派遣しなければならず、要求が実現しなければ、臨時中央執行委員会を設置しなければならない。実行委員会の仕事や組織について、以下でさらに詳しく見ていく。

↓これ以上の詳しい説明がなく、細かい部分はソ連側にも記録が残っていなかったのかもしれない。

第14条　党員は法律によって強制されそのうえ党の特別の許可を得ない限り、政府委員または国会議員になることはできない。兵士や警察、職員は例外とする。

↓第6条と合わせて読めば、党員の身分を隠したうえで、兵士や警察、職員になれることを認めている。

第15条　この綱領は全国代表大会（党大会）の3分の2の同意を得て改定される。

党創設メンバーの処刑地から見えるもの

中国共産党の創立に最も深く関わった人物の一人として李大釗を挙げることに異論はないだろう。日本と非常に深い関わりがあるキーマンの一人だ。1913年に早稲田大学に留学し、当時はまだ中国で知られていなかった社会主義思想を学んだ。

1915年に日本政府が21カ条の要求を突きつけたのを知るや憤慨し、中国に帰国して救国のための運動を始めた。

1917年にロシアで労働者や兵士が武装蜂起して臨時政府を倒す11月革命が起こると奮起して雑誌『新青年』に論文を発表し、中国人民の決起を呼びかけた。李大釗の文章は当時の混乱のさなかにあった中国の若者らの心をつかんだ。

北京大学で学生たちと「マルクス学説研究会」をつくり、中国におけるマルクス主義運動の先駆となった。帝国列強の専横ぶりに怒り、1919年に五・四運動を主導した。これが共産党結党の原動力となった。誤解を恐れずにあえて日本の明治維新にたとえてわかりやすく言えば、憂国の志士らを啓蒙した吉田松陰に近い存在かもしれない。

北京を拠点とした李大釗は、上海の陳独秀、長沙の毛沢東らと共産党設立の準備を進め、ソ連のコミンテルンとの連携により1921年7月に中国共産党を創設した。

共産党の指導者の一人として第1次国共合作を進めたが、1927年に蔣介石による上海クーデターで国共合作が決裂、北京で活動していた李大釗は当時、権力を握っていた軍閥の張作霖によって捕らえられ、殺害された。立派なひげをたくわえた写真が印象的で、信念を最期まで曲げなかった生き方はいまも中国で尊敬されている。

2022年4月、李大釗が絞首刑となり非業の死を遂げた場所がいまも残っていると知って向かった（北京市西城区人大会堂西路2号）。地図アプリを頼りに歩いて行くと、人民大会堂のすぐ西側にでた。人民大会堂は毎年3月に中国の国会に相当する全国人民代表大会（全人代）が開かれる。日本の首相や米国大統領など外国から最高指導者らが来た際に習氏が出迎える外交の舞台でもある。

ところが住所が指し示す位置のあたりをうろうろしてもどこにも案内板のようなものはない。学校のような宿舎が1棟建っておりどうもそこらしい。しばらく眺めていると治安維持にあたる人民武装警察（武警）の一団が行進をしながら建物の中に入っていった。入口をのぞくと武警が銃を持って警備をしている。とても中をゆっくりのぞける様子ではない。すぐ近くに北京市民が暮らす胡同《フートン》があったので住民に聞いたところ、たしかにかつては李大釗を処刑した模型の絞首台があり見学できたが、いまは参観できなくなったという。

じつは人民大会堂をはさんで東側は北京市を象徴する天安門広場になっていて、その中心に毛沢東の亡きがらを保存する毛主席紀念堂がある。李大釗の処刑地から歩いて5分ほどだ。朝並べば外国人でも内部に入ることができる。毛主席の姿を一目見たいと地方から押し寄せる観光客でいつも大行列をなしている。筆者も入口で白い花を一輪買うように勧められ、「遺体」にささげたのを覚えている。参観中なぜか立ち止まることは禁止で、カメラの持ち込みも厳禁だ。じっくりと遺体を観察されるのを嫌がっているようだった。

そんなことを思い返していると、毛沢東に比べて李大釗が非業の死を遂げたもう一つの「聖地」のぞんざいな扱いが気の毒に思えてきた。帰りのタクシーで北京の運転手に「命懸けで共産党をつくった李大釗の処刑地は公開したほうがいいのではないか」と率直な疑問をぶつけたら「中国で尊敬を集めるのは毛主席一人で十分なんだよ」という答えが返ってきた。

共産党初期の頃は党の将来をめぐって党内で激論が交わされていた。第1回党大会では党の基本方針のあり方や、孫文を代表とする広東政府との連携の是非などをめぐり激しいやりとりが交わされている。

ところが国共内戦や抗日戦争、建国を経て権力を集めた毛沢東が次第に神格化され独裁体制を確立していった。毛沢東がばらばらだった中国を一つにまとめたのは否定できないが、数千万もの餓死者を出した大躍進政策や中国を大混乱に陥れた文化大革命の発動にもつながった。李大釗の処刑地と毛主席紀念堂のいまのありようは党の変質を物語っている気がしてならない。

秘密の地下印刷所

北京で長く生活をされた早稲田大学名誉教授の竹中憲一氏による著書『北京歴史散歩』によると、北京市に中国共産党の地下印刷所の跡地があるという。北京市南側の広安里西胡同という小さな胡同にあると場所まで記してあったので現地に行ってみた。秘密の場所とあって、党の公式資料にはもちろん出てこない。

1921年7月に中国共産党が結成され、非合法の地下活動を中心とする党にとって最も重要なのは機関紙による宣伝活動だった。中古の印刷機と活字を買い入れ、ストライキで首になった印刷労働者の手によってこの地下印刷所ができあがった。共産党の機関紙「嚮導」と北京地区の機関紙「政治生活」の印刷が行われた。刷り上がった「嚮導」は北京大学に運ばれ、全国に配布された。

孫文が率いた中国国民党と中国共産党は、ソ連のコミンテルンの働きかけを受けて1924年に「第1次国共合作」を決める。孫文の死後、国民党の右派を率いた蔣介石が共産党の存在を認めず弾圧に踏み切り、1927年に第1次国共合作は崩壊してしまう。その間の統一戦線の問題を宣伝するうえで、「嚮導」は大きな役割を果たした。これが竹中氏の著書による説明の概略だ。

同書は1988年に刊行され、新たな情報を加えて2002年に改訂版が発行されている。急速な開発が進んだ北京市で20年以上も前の知られざる跡地が残っているとは思えなかった。それでも胡同の入口から曲がりくねった路を進むと、果たしてそこにあった。目印となる槐《えんじゅ》の木はいまも青々と葉を広げていたが、入口の木の扉はあちこちに穴が空いていてすでに役目を果たしていない。土塀も崩れかかり、完全に廃屋と化していた。扉の隙間から内部に平屋が建っているのが見えたが、人影はない。家の前には長く使っていない車が置き去りにしてある。

あいにくスーツ姿で現場に来てしまったが、白のランニングシャツに短パン1枚の姿もめずらしくない胡同で暮らす北京人の中であまりに不自然で目立ちすぎる。長くいると怪しまれそうなので胡同を一周して退散することにした。

この胡同は再開発の対象になっていて、北京市当局による取り壊しを意味する「拆（解体する）」の文字があちこちの建物の壁にペンキで描かれてある。胡同は清の時代から歴史のある建物で、それだけに権利関係は不明瞭だ。中国当局は不法占拠とみた住人に立ち退きを求め、北京市内のあちこちでもめごとが起きている。この胡同もその一つのようだ。地元でやはり反対の声が起きているのか、再開発計画を知らせるポスターが破られていた。だが不思議なことにこの地下印刷所の跡地は無人の廃屋にもかかわらず「拆」の字はなく、再開発の対象から外れている。大通りからわずか数十メートルほど入った便利な場所のはずだが、開発の手が及ばないのはいまも党にひそかに守られているのかもしれない。

入党の誓いの言葉

中国共産党への入党が晴れて認められると、新たな党員は党旗を前に、宣誓する義務がある。共産党規約第1章第6条で誓いの言葉はこう定められている。

「私は、中国共産党への入党を志願し、党の綱領を擁護し、党の規約を遵守し、党員としての義務を履行し、党の決定を実行し、党の規律を厳守し、党の秘密を守り、党に忠誠を尽くし、積極的に仕事をし、共産主義のために一生奮闘し、いつでも党と人民のためにすべてを捧げる心構えがあり、永遠に党を裏切らない」

党規約で定める「秘密」とは何か。歴史をさかのぼって確認した。

『毛沢東伝（1893—1949）』によると、1927年10月、毛沢東が国民党と戦うために井崗山に立てこもったときに6名の新党員に誓いの言葉を述べさせている。「個人の犠牲をいとわない」「革命のために努力する」「階級闘争を進める」「組織に服従する」「秘密を厳守する」「党に永遠に背かない」の6項目だ。

共産党は結党後、まもなく武装化を迫られ、急速に軍隊としての性格を帯びるようになる。この共産党=軍隊の構図はじつはいまでも基本的に変わっておらず、党の外部への排他性や秘密主義を決定づける要因になっている。当時は戦争中で、このときの「秘密」は作戦などに関わる軍事機密を中心としたものだったろう。

誓いの言葉を巡る党規約は過去4回改正されているが、「秘密」の文言は一時期を除き、ほぼ一貫して引き継がれている。鄧小平時代の1982年9月の第12回党大会で正式に党規約に刻まれていまの形になった。

革命政党として軍閥や国民党、旧日本軍と戦ってきた共産党は、この言葉を一貫して守ってきた。裏を返せば常にスパイや裏切りを警戒してきたのが共産党の歴史だ。党員同士でも情報交換をさせずに分断して統治する。この秘密主義は共産党の深層心理に深く根ざしている。

この秘密主義の傾向は年々強まっている。筆者が地方に出張に行くたびに地元の警察や地方政府の役人が尾行してくる。数時間にわたって尋問されることも珍しくない。報道機関は中国共産党の秘密を暴こうとする警戒すべき対象だと思い込んでいる。大国となったにもかかわらず、常に情報を隠そうとするため、重要な政策変更が突然通知されて大混乱する。内なる意識が強すぎるために起きる弊害だ。

共産党は宗教なのか？

知り合いの共産党員に興味深い話を聞いた。中国でも日本と同じように大学や大学院を卒業する前に就職活動を始める。入社を希望する会社に履歴書を出すわけだが、「宗教信仰」の欄がある場合があり、党員の場合は「共産党員」と記入するのだという。共産党は果たして宗教なのだろうか。

たしかに秘匿性を重視する点や、内向きの高い組織力、習近平氏の政治思想や「毛沢東思想」のように思想を統一したがる点は似ていなくもない。一般的に宗教の定義は「人間の力や自然の力を超えた存在への信仰を主体とする思想体系、観念体系であり、また、その体系にもとづく教義、行事、儀礼、施設、組織などをそなえた社会集団のこと」とされる。毛沢東や鄧小平、習近平氏はれっきとした人間であるから、人間の力を超えた存在への信仰という点では異なる。

それでも「異教」への警戒は強いようだ。共産党には入党希望者のなかから有望な人材を絞り込むためのチェックリストが存在する。「中国共産党入党積極分子考察表」と呼ばれる。そのなかに「いつどこで、反動組織あるいは封建的迷信組織に参加したか？　そのときに担った役割は何か？」と記された特殊な項目がある。どういった組織が反動的で、封建的で迷信であるかの定義はないものの、宗教への警戒心がにじみでている。

党関係者によると、カルト宗教やかつて中国農村部でよく見られた秘密結社のような組織に加入していた場合は即不可となる。それだけではなく、世界中で信者を抱えるキリスト教やイスラム教を信仰している場合も事実上入党は無理だ。とくに一神教へのアレルギーが強い。共産党がもともと「無神論」というのもあるが、党員に強い組織力を求めるがゆえに、宗教団体に所属している人の入党はＮＧなのだ。

他国と同盟を結べない

中国共産党の外交・安全保障の特徴として「非同盟」がある。米国と比べるとわかりやすい。米国のように英国やドイツ、日本、オーストラリアなど世界の要衝にある国々と同盟を結び、有事対応することができない。米欧の広域な軍事同盟である北大西洋条約機構

（NATO）はもちろん、米国、英国、カナダ、オーストラリア、ニュージーランドの5カ国で機密情報を共有し合う「ファイブ・アイズ」のような枠組みもつくれない。

中国は最も重視しているロシアとも「同盟を結ばず、対抗せず、第三国に対するものではない」（中国外交担当トップの王毅氏）と宣言している。軍事同盟の締結を事実上拒んでいる。

なぜか。やはり共産党に内在する性格によるものが大きい。秘密主義で、外部の組織と情報を共有することを極端に嫌う。党内部でさえ縦割りがひどい。ましてや党の運命を左右する軍事情報を他国と共有するのは不可能に近い。相手国の港をこっそり買収して自国の基地として利用することはできても、外国の軍隊と共同で有事にあたるのは非常に苦手だ。

米国と覇権を争う共産党にとって「同盟を結べない性格」は大きなネックになっている。資金難にあえぐ途上国が自国のインフラを有償で中国軍に貸し出したとしても、共産党と基本的な価値観を共有し、一緒に戦うことはないとみてよい。

中国が頼るのは軍拡しかなくなる。中国は2023年の国防費を前年比7・2%増の1兆5537億元（約30兆円強）と発表した。伸び率は3年連続で前年を上回り、総額では日本の防衛予算の4・5倍になった。ゼロコロナ政策で経済がどれだけ傷ついていても、経済成長率をはるかに上回る速度で軍拡せざるをえない。

無理もない。中国は東シナ海で日米同盟に面し、南シナ海ではフィリピンやベトナムとぶつかる。チベット方面では係争地をめぐりインドと摩擦が続く。北方では本音では信用していないロシアと4000キロメートル以上で接し、歴史的には異民族として中国にくり返し攻撃をしかけてきた中央アジアとも隣接する。同盟を結べないため自力ですべてに備えなくてはならない。

共産党の内部の結束と規律を重視する性格は中国の執政党としての地位を不動のものにした。だがその排他性から他国と同盟関係を築くことができず、摩擦を生む一因にもなっている。

生き残るために毛沢東本も発禁にする

共産党は結党当初から共産党の名前を守ってきた。改名騒ぎが起きたこともない。党内で建国前の混乱期に分裂騒ぎがなかったわけでもないが、解党・解体になったこともない。建国後、中ソ対立やソ連の崩壊、天安門事件、米中対立などなど中国をからめながら世界情勢は変化し続けたが、共産党の体制がひっくりかえることはなかった。

それは米国やソ連といった超大国の動向に合わせて巧みに党を変革する力があったため

だ。環境に合わせて自身も変化を遂げることができる「生存本能」といってもいい。ソ連のコミンテルンから組織運営を学び、国共内戦などの危機を乗り越えていくうちにかみ砕いて自分のものにしてきた。適応力は高いが、逆に言えば変節もいとわない性格を宿している。

共産党で最も上位に置かれているのは、習近平氏が政治の師と仰ぐ毛沢東だ。1926年から1957年までの毛沢東の著作物を集めた『毛沢東選集』を見たことのない中国人はおそらくいないだろう。1951年以降、共産党が運営する人民出版社から第1巻から第5巻まで順番に出版された。だが第5巻は途中で発禁処分となり、国内で販売することができない。

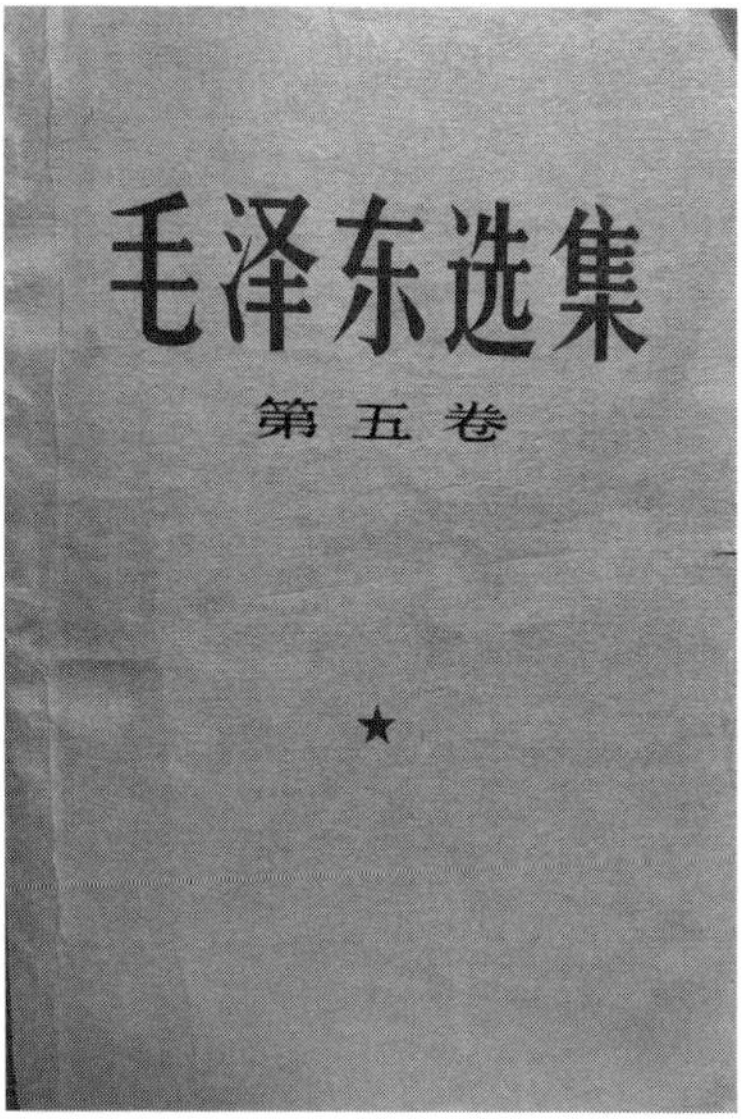

幻の発禁本『毛沢東選集第5巻』

あるルートから第5巻を入手して読んでみた。第5巻は1950年代に毛沢東が号令をかけて数千万人を餓死に追いやった大躍進政策に至る叙述がちりばめられていた。後に政権の座に就いた鄧小平が改革開放路線にふさわしくないとして第5巻の販売を禁じてしまった。いまでも農村部で尊敬を集める毛沢東だが、その著作でさえ党の生存のために封じることもいとわない。現実主義と柔軟性は共産党の特徴だ。

密室で決まる最高指導部

共産党が「秘密」をことのほか重視し、情報公開を嫌う性格は、共産党幹部を選ぶ過程にもよく表れている。2022年の第20回党大会で、どのように最高幹部が選ばれたのだろうか。

意外に思われるかもしれないが、中国共産党も「民主」という言葉をよく使う。2022年10月23日。最高指導者である党総書記に三選を果たしたばかりの習近平氏は赤いネクタイを身につけ各国の報道陣の前に現れた。「われわれは各国人民とともに、平和と発展、公平、正義、『民主』、自由という全人類共通の価値を発揚し、世界平和を守り、世界の発展を促進し、人類運命共同体の構築を推し進めていく」と話した。民主の重要性に触れた。

民主の礎となる選挙制度はいちおう共産党内にもあるにはある。代表的なのが、党の序列200位以内の中央委員の選び方だ。中央委員は閣僚級で、いわゆる中国の国務院（政府）で名前の通り閣僚（大臣）になる人もいれば、地方や国有企業のトップに就く人もいる。

中央委員の任期は5年間で、5年に一度の党大会のたびに入れ替わる。たとえ習近平氏であっても、まずこの中央委員に選ばれなくては党総書記にはなれない。

ここで言う選挙は、候補者のほとんどが当選する「差額選挙」だ。第20回党大会では205人の中央委員が選ばれたが、候補者名簿には定員を8％上回る220人の名前が載っていた。落選者は15人しかいない。それでも共産党が「民主」を唱え、党内にも選挙制度があると主張するのはこの差額選挙のおかげだ。

差額選挙は中国の主流の選挙方式となっている。世界的に有名な中国のある大学の教授によれば、大学内の共産党組織である党委員会の役員メンバーも差額選挙で選ばれる。たとえば定員12人とすると、あらかじめ当選させたい12人を内定しておき、残りの3人に知名度の低い人物を混ぜておく。結果は開票するまでもなく明らかだ。党内的には民主的な手続きを踏んだことになる。

党大会ではこの中央委員と、中央委員の予備軍である中央委員候補170人程度、党内の腐敗を取り締まるための中央規律委員を「差額選挙」で選ぶ。候補者名簿が事前にも事後にも公表されることはなく、だれが落選したのか、それぞれの候補者がそれぞれ何票集めたのかも知ることはできない。

興味深いのはむしろここからで、党大会の翌日には新たな中央委員約200人が集まる中央委員会第1回全体会議（1中全会）が開かれる。今度は中央委員が①指導部を指す政治局員（現行24人）と、②最高指導部である政治局常務委員（現行7人）、③党総書記をそれぞれ選ぶと党規約第23条で定められている。

複数の共産党関係者によると、この選挙は差額選挙ではなく、定員と候補者数が完全同数になっている。第20回党大会でいえば、総書記の欄には習近平氏の名前しかない。最高指導部7人の欄には現職7人の名前が書いてあり、政治局員の欄には現政治局員の名前しか書いていないことになる。事実上の○×の信任投票だ。

このように最高指導部の人選は密室の中で行われており、透明度はゼロだ。中国を仕切るトップ集団がどうやって選ばれているのか明らかでない以上、いまなお秘密結社としての性格を引きずっているとみられても仕方ない。

習近平氏がすべて決めた

さすがにこれだけでは格好がつかないと思ったのか、中国国営の新華社は党大会が終わるたびにどうやって新たな指導部ができたのか、その一端を明かしている。興味深いので紹介したい。以下は2022年10月24日配信の新華社をもとに再構成している。

2022年10月開幕の党大会に向けて習近平氏が動き出したのは年明けだ。年の初めに習近平氏は政治局常務委員のメンバーに新しい中央指導機構の人選をどう決めるかを相談した。そこでは大衆による推薦を指す「海推」や、大衆による選挙「海選」の方式はとらずに、面談調査方式をとることで内々に合意した。

選ぶ対象は政治局員や政治局常務委員、幹部の事務を補佐する党中央書記処のメンバーにとどまらない。中国政府である国務院の幹部や中央軍事委員会のメンバー、日本の衆議院に位置づけが近い全人代、参議院に似ている全国政治協商会議（政協）の新たな幹部についても習近平氏が中心となって面談方式で選ぶことが内定している。

共産党規約の総綱部分の最後に極めて重要な規定が二つある。一つは「党・政・軍・民・学の各方面、東・西・南・北・中の全国各地は党が一切を指導する」と明記。その後ろに「党は国の立法・司法・行政・監察機関や経済・文化組織、人民団体が積極的かつ自発的に、独立して責任を負いつつ一致協力して仕事に取り組めるよう保証しなければならない」と定める。習氏の面談方式はこれを人事の面で体現している。

3月24日、習近平氏は最高指導部による政治局常務委員会を招集し「面談調査に関する計画」を決定。新華社は「面談調査と人選の水面下の相談は習近平総書記の直接指導のもとに行われた」と明記している。

4月に入ると習近平氏はいよいよ面談を始めた。政治局委員や日本の内閣官房に相当する中央書記処書記メンバー、王岐山国家副主席、中央軍事委員らと面談。合計30人前後と話し合った。

4月から7月にかけて政治局常務委員らが手分けをして、地方のトップや国務院幹部、軍の司令官や中央委員合計283人の意見を聴いた。個別名は一切出てこないが、新華社は「党内民主主義の十分な発揚が有機的に統一される過程だった」と評した。

9月28日に開いた政治局常務委員会で名簿案を内定し、29日に開いた政治局会議で正式に採択し、党大会の後に開く1中全会で正式に決めることにしたという。

以上が一連の流れだが、過去の党大会後に流れた新華社の解説記事と比べると実態がより立体的に浮かび上がる。

習近平氏は今回の人選の過程で「決して票だけで決めてはならない」と語っている。これは胡錦濤時代への反発とみられる。胡錦濤氏が党総書記を務めていた2012年5月には党大会に向けて政治局委員の予備選挙を内部で実施している。まさに党内の民主化を志向していた頃だ。

当時の新華社には「新たに15人の政治局委員が誕生し、そのうちの７人が60歳以下で、さらに４人が１９５０年代後半から60年代生まれだ」と若さをアピールしているが、今回はこうした記述は一切ない。習近平氏は党大会時に68歳以上は定年という慣例を破っており、幹部が高齢化していることの裏返しととれる。

２０１７年の党大会をふり返る新華社の記事には、習氏は事前に党長老らと相談したことや、面談相手が57人に上ったことが記されている。２０２２年は長老の文字はどこにもない。一家言を持つ長老の関与を嫌って人選プロセスから排除したことがうかがえる。習氏が面談した相手も前回57人→今回30人前後とほぼ半減していることがわかる。

なにより興味深いのは、２０１７年の新華社には「積極的かつ穏当に党と国家ハイレベルの指導者の新旧交代を実現した」とあるが、２０２２年にはない。政治局員は本来、多数決できるように25人を基本としているが、今回はなぜか24人と１人減った。定年に達していない李克強《リー・クォーチャン》首相や汪洋《ワン・ヤン》氏も退任に追い込まれており、党内部で波乱があったことを暗示している。

党の閉塞感が強まっているのかもしれない。

第2章

中国共産党支配の原理

巨大組織の未来と不安

軍を握っているか

共産党トップの条件

日本で首相を退いた後も権勢をふるいキングメーカーと呼ばれた田中角栄はかつて首相の条件として、「自民党三役（党幹事長、総務会長、政調会長）のうち幹事長を含む2つと、蔵相（現財務相）、外相、通産相（現経産相）のうち2つ」を挙げた。

では約1億人の党員をまとめ14億人の中国を率いる共産党トップに最も必要な要件はなにか。それは日本や米欧の指導者に求められる経済運営や外交の能力ではなく、軍事指導者としての役割だ。これは秘密結社のように生まれた共産党が国民党との内戦や外国との戦争を戦ってきたことに由来する。軍を指揮できなければ党が壊滅する危機に何度もさらされてきた。

1989年に起きた中国の若者らが求めた民主化運動を中国当局が弾圧した天安門事件に際して、時の最高実力者、鄧小平は人民解放軍を投入するという判断をした。

共産党はかつてないほど国内の統制を強めたが、台湾問題をめぐって米国や日本などと偶発的な衝突が起きるシナリオが取り沙汰される。

2020年にはインドとの係争地域で衝突が起き、実際に中国、インド双方で死者が出た。2020年の香港民主化をめぐる抗議活動に対して、習近平氏はじつは重大な決断をしている。共産党が欲しているのは優れた軍事指導者である点は初期から変わっていない。それは共産党の強い生存本能にもとづいている。

思想集団から軍隊への転換

なぜ共産党を率いるには強い軍事指導者でなければならないのか。それは彼らの生い立ちを追えば見えてくる。内紛や外敵との戦いに明け暮れ何度も存亡の危機をくぐり抜けてきた共産党の生存本能を満たしてくれる人物こそが党のトップにふさわしいという暗黙の理解があるためだ。

1921年の結党時、トップにいたのは陳独秀や李大釗らで、純粋にマルクス・レーニン主義にあこがれた中国の革命を志す若い知識人だった。第1章でみたように彼らは北京や上海などで極秘に集まり、ソ連のコミンテルンの助けを借りつつも、どのように中国で共産主義革命を進めるかを話し合った。

共産党に軍が誕生したのは、1927年8月1日に江西省南昌で起きた武装蜂起がきっかけだ。この日はいまでも中国人民解放軍の発足記念日として定められており、習近平氏は100年後に当たる2027年8月1日までに軍の奮闘目標を達成するように指示を出している。目標の中身は明らかになっていないが、習氏が統一を目指す台湾情勢をめぐり、米軍と互角に戦えるだけの軍事力を保有することだとみられている。共産党にとって、それほど重要な記念日になっている。

共産党が武装蜂起を決行したのは国民党との合作がほごにされ弾圧に抵抗するためだった。もともとは清朝を倒すべく辛亥革命を起こした孫文がソ連のコミンテルンの働きかけを受けて共産党と連携する方針を容認した。1924年に「第1次国共合作」が成立する。ところが1925年に孫文が死去すると、共産党嫌いで知られる後継の蔣介石が共産党系党員の弾圧を始める。

第1次国共合作はまたたくまに崩壊し、共産党はコミンテルンの指示を受けて武装蜂起路線をとることとした。国民党との合作時代に国民党から軍隊の術を学び、江西省南昌に武装した2万人を集めて蜂起した。それまで青臭かった共産党が軍隊としての道を歩み始める転機となった。

挫折に次ぐ挫折

ところがこの武装蜂起は失敗の連続だった。共産党員が武器を持って立ち上がっても、都市部の住民が呼応することはなかった。要となる南昌でも国民党が駆けつけると1週間程度で制圧されてしまった。その後も各地で武装蜂起を試みるが、軍隊として練度の高い国民党に次々と打ち破られてしまう。

当時の共産党軍は国民党から軍事を学んだとはいえ、まねごとの域をでなかった。優れた軍事指導者をもたず、ソ連のモスクワのコミンテルン本部から出される指示に従う以外の方策を持ち合わせていなかった。

当時のコミンテルンはレーニンを指導者として労働者と農民が都市で武装蜂起した「ロシア革命」の成功体験が強く、同じ手法を中国共産党にも強要した。発足したばかりで軍事経験の未熟な共産党はコミンテルンの言いなりとなり、敗走を続けた。党は瓦解の危機に瀕していた。

優秀な軍略家だった毛沢東

建国の父と呼ばれる毛沢東ほど評価が大きく分かれる人物は珍しい。1950年代末から60年代初めにかけて号令をかけた「大躍進運動」では誤った経済（農業）政策のために数千万人以上の人を餓死に追いやったといわれる。

自らが復権するために1966年に発動した文化大革命でも多くの知識人を死に追いやり、中国が数千年にわたって培った歴史文化遺産の大半を破壊する世界史でもまれに見る愚行を犯した。独裁政治の行き着く先にどんな悲劇が待ち受けているのか。毛沢東の過ちから学び取るべきことは多い。

だが農民の集まりだった共産党の軍を率いて最後は国民党を倒して中国を建国した毛沢東はやはり優れた軍略家であり、類いまれな軍事指導者であったことは否定しがたい。毛沢東の軍事指導力により瀕死《ひんし》状態だった共産党は救われた。ここに共産党の指導者の要件として軍事的指導力が求められる最大の理由がある。

毛沢東は「政権は銃口から生まれる」と語り「革命を成功させるには2本の棒が必要だ。1本は銃で1本はペン（プロパガンダ）だ。この2つさえあれば国を簡単に押さえることができる」という有名な言葉を残した。

南昌での武装蜂起に合わせて毛沢東も湖南省で蜂起したものの、装備の貧弱さから敗走し、中国南東部の内陸にある江西省の井崗山に立てこもることになる。当時上海にあったコミンテルン支部は都市部での戦いを指示してきたが、毛沢東は共産党の地盤は都市部にはないと喝破し、山岳地帯を根拠地にし、農村から都市を包囲する戦略を描いた。短期決戦型ではなく、長期の戦略を描いた。

毛沢東は井崗山の近くで軍の編成に着手し、軍内の各師団クラスに党組織を束ねるポストをつくった。これが人民解放軍にある「政治委員」の原型だ。

毛沢東は「党が鉄砲を指揮する」と語った。この言葉はいまでも共産党と軍の関係を規定する原則となっている。政治委員は軍の司令官とほぼ同格で、軍の人事権や予算権を握ることができる。司令官が立案する重要な軍事作戦も政治委員の同意が必要とされ、軍の暴走を止める役割を果たしている。

解放軍内では政治委員のもとで、習近平氏の政治思想や共産党の指導の正しさを徹底的に教え込む。共産党が軍を統治するためのカギとなる存在だ。

もっとも政治委員を置いただけで簡単にコントロールできるほど軍はたやすい存在ではない。軍内で回覧する文書に政治委員の署名する欄がなかったり、軍事演習の際の政治委員の居場所がなかったりといった問題は中国建国後も続いた。軍は「素人」である政治家にかき回されるのをひどく嫌う。それゆえに現代の共産党トップも手綱さばきが求められる。

当時、共産党は組織した軍を「中国工農紅軍」と呼んだ。共産党が革命を起こすために重視した工場労働者と農民からこう命名した。実際は工場労働者はほとんどおらず、農民が中心だった。

毛沢東を取り巻く政治環境は極めて複雑だった。実際の指揮権はソ連から派遣されたコミンテルンの顧問がもち、ソ連に留学していた若手の発言権も強かった。毛沢東は権力闘争に追われて一時降格になっている。

毛沢東故郷の湖南省湘潭市の銅像（2020年9月30日、筆者撮影）

1931年11月に江西省瑞金で、ソ連の指導のもと「中華ソビエト政府」をつくり、毛沢東は主席にかえり咲いた。蔣介石は掃討戦に乗り出し、毛沢東は4回までは抵抗してしのいだものの、5回目の攻勢で100万人の軍勢に持ちこたえられず、逃亡を始める。これが長征の始まりだ。

長征は江西省瑞金から、2年間かけて中国を時計周りにぐるっと西側を迂回し、最後は陝西省延安にたどり着いている。中国内では「北上して日本軍と戦うためだった」とされているが、実際は最初から延安を目指していたわけではなく、必死に逃げ回っていたのが実態だった。だが2年の苦難は毛沢東を中心に党の結束を固くし、党内で最大のライバルだった張国燾を打ち倒すことにもつながった。

毛沢東は「だれが長征を勝利させたのか。共産党である。共産党なしには、このような長征は想像することができない。中国共産党、その指導機関、その幹部、その党員は、どんな困難や苦労も恐れない」と総括し、自身の権威強化につなげた。

共産党は日本とどう戦ったか

「敵進我退、敵駐我擾、敵疲我打、敵退我追（敵が進撃してくれば退却し、敵が駐屯すれば撹乱し、敵が疲れたら攻撃し、敵が退けば追撃する）」。毛沢東が農民も同然だった共産党初期の軍に教え込み実践したゲリラ戦の要諦はここに描かれている。16文字の漢字に落とし込み、無学の者でもわかるように伝えた。

毛沢東は日本とどのように戦ったのか。有名なのが「持久戦論」だ。日本軍が優勢のときは「戦略的防御」に徹し、枝葉の拠点は放棄し、ためらうことなく撤退する。農村に拠点を構えて時機を待ち「反攻準備」を進める。そして戦況の潮目が変わるのを待ち「戦略的反攻」にでる。

毛沢東は1938年に持久戦論を唱え、実行に移していった。毛沢東は「われわれは、博打うちのような一か八か論者ではなく、持久論者であり、最終勝利論者である」と語っている。短期決戦を得意とした日本軍を念頭に置いていた。

日本では太平洋戦争で主に米軍に敗れたとの認識が定着している。だが毛沢東の戦略的視点でふり返ると、果たして日本が米国と戦わなかったとしても、日本軍が日中戦争をどういう形で終わらせることができたのか、心もとなさを覚える。

毛沢東は1938年5月時点で、日本軍には3つの弱点があると指摘している。1つは大陸に広く展開したゆえに起きた兵力不足、もう1つが外国の地で戦っていたことだ。大事なのが3つ目で「中国の力に対する評価の不足と日本軍閥の内部矛盾によって、多くの指揮上の誤り、たとえば兵力を逐次投入していること、戦略的な協同が欠けていること、ある時期には主攻方向がないこと」を挙げている。兵力の逐次投入や部隊間同士の連携不足は戦後になって敗因としてよく指摘された。

日本の「末路」を予見

その直後に続く言葉は日本軍の末路を暗示している。「日本は、いまのところ、まだ戦争を終わらせようと望んでもいなければ、終わらせることもできず、その戦略的進攻もまだ停止はしていないが、大勢のおもむくところ、その進攻には一定の限度があり、これは3つの弱点が生んだ必然の結果である」

「全中国を際限なく併呑することは不可能である。日本が完全に受動的地位に立つ日はいつかやってくるのであって、そのような状況が現在すでに見え始めている」。日本の無条件降伏の約7年前に喝破している。毛沢東はライバルの国民党軍が日本軍と戦力を消耗し合っているのを遠くで眺めながら、時を待った。

日本軍に毛沢東という優れた軍事戦略家を敵に回して戦争していたという認識はどこまであったのだろうか。毛沢東のいう「抗日戦争」は、農村を中心に中国全土に根を張っていた共産党だからこそできた手法だった。

「抗日戦争」前後の共産党規約（1928年の第6回党大会時と、1945年第7回党大会時の党規約）を読み比べると、条文数も53条から70条に増え、共産党の存在意義を規定する「総綱」が新規に加わっている。党の組織運営に関する部分が厚みを増している。共産党が戦争をしながら培った経験は党規約の形成にも大きな影響を与えていることがうかがえる。

戦争で権力を掌握

1949年に中華人民共和国を建国以来、外国や台湾との武力衝突は合計10回起きたと言われる。1950～53年の朝鮮戦争、1958年の金門・馬祖島砲撃事件、インドとの国境紛争（1962年）、ソ連との珍宝島紛争（1969年）、中越戦争を含むベトナムとの海や陸で起きた戦争、2020年のインド係争地域での紛争などだ。

このうちのほとんどが毛沢東時代に起きている。戦上手な毛沢東は戦争のたびに国内の求心力を高めていった。

天安門事件でカリスマになった鄧小平

毛沢東に次いで革命第二世代と呼ばれるのが鄧小平だ。

改革開放の印象が強い鄧小平だが、もともとは軍人としての経歴をもつ。共産主義を学ぶためのソ連留学から1927年に帰国した鄧小平は、革命のためゲリラ活動を始める。毛沢東と合流し長征にも参加している。中国人民解放軍のトップではないが、4つの部隊のうちの1つを指揮した。1946年以降に国民党と戦った国共内戦で、野戦軍の政治委員を務め戦果を上げている。毛沢東のようにやはり軍の統率に長けていたのだろう。

1970年代の文化大革命後に復帰した後は当時ともに戦った部下たちを相次ぎ登用して、軍の権限を握った。1997年に死去するまで「最高実力者」と呼ばれ、国内外で当時の党のトップ、江沢民《ジアン・ズォーミン》よりも重きを置かれた。

筆者は鄧小平は改革開放を進めて高度経済成長を実現し国を豊かにしたため党のカリスマになったと長年思い込んでいた。だが中国共産党系メディアに勤めた古参の共産党員は「天安門事件で党を守ったことが最大の理由だ」と指摘する。

天安門事件は１９８９年に中国の民主化を求める学生ら約１００万人が北京・天安門広場とその周辺に集まり、党・政府に政治改革の要求を突きつけたことに始まる。時の首相、李鵬が同年４月に戒厳令を敷いて抑え込みにかかるが、学生らの怒りは収まらず、６月４日にとうとう中国人民解放軍を投入して鎮圧する事態になった。背後で指示していたのが鄧小平だったとされる。

西側では人民にも銃を向ける共産党の凶暴性を語る一つのエピソードとして伝えられる。このベテラン党員は「この天安門事件こそが建国後の共産党の最大の危機であり、軍の投入を決断し、党を守ったことで鄧小平の求心力が大きく高まった」と解説する。党内では軍のトップこそが真のトップと理解されている。党が窮地に陥ったときに軍権を発動して組織を守れる人物こそが、カリスマとして君臨できる。

もう一つ、鄧小平が発動した戦争に１９７９年のベトナム侵攻がある。ベトナムに攻め込まれて中国に助けを求めたカンボジアを助けるという触れ込みだったが、中国はそれまでベトナムと友好関係にあり、不可解な点が残る。

当時は１９７６年に毛沢東の死で終わった文化大革命の後処理で大変な時期だった。毛沢東は全国の若い学生らを自分への個人崇拝を利用して「紅衛兵」に仕立て上げ、当時のトップだった劉少奇らの引きずり下ろしにかかった。

同時に利用したのが軍だ。毛沢東は文革期も軍トップの中央軍事委員会主席の地位にあった。紅衛兵が暴れて収拾がつかなくなると、今度は軍を派遣して抑え込んだ。文革期には軍人が膨れ上がっていた。

文革が終わると追放されていた軍人たちも原隊復帰してさらに肥大化する。まともな訓練もなく軍の指揮系統や組織はめちゃくちゃだった。鄧小平はこうした軍を立て直すためにあえてベトナムに侵攻した。戦争を通じて軍と党の掌握を進めた。

話は横道にそれるが、2022年夏に首都・北京の隣の山西省大同市という石窟で有名な古都を訪問したときのこと。地元で有名な創建約1000年の歴史をもつ華厳寺がなぜ文化大革命から守られたのか興味があった。

現地のガイドによると「文革の間、第1級の文化財はすべて軍が守っていた」という。毛沢東が扇動した若い紅衛兵は中国全土の歴史文化財を権威の象徴とみなしてことごとく破壊して回っていた。じつは軍が守り手として動いていたのは意外だった。そのお寺の内部は黒いすすだらけだった。冬の寒さに耐えかねた軍人が中で暖をとっていたためだという。

産経新聞で中国総局や台北支局長を歴任した矢板明夫氏は著書『中国人民解放軍　2050年の野望』のなかで、共産党の軍は「毛沢東の私兵」となり「リーダーに忠誠を誓う軍になった」と指摘する。鄧小平はベトナム戦争や天安門事件を経て軍を「私兵」にすることに成功した。

党官僚の弱点

革命第1世代といわれる毛沢東、第2世代の鄧小平に比べて第3世代の江沢民と第4世代の胡錦濤氏に欠けているのが軍歴だ。

江沢民の主な経歴をふり返る。1926年、上海市の隣の江蘇省揚州市で生まれた江沢民は日中戦争が終わって間もない1947年に上海交通大学を卒業した。上海市の食品工場やせっけん工場の技術者としてキャリアをスタートさせている。

建国後の1953年に国務院（政府）で機械部門、とくに自動車関連を担当している。モスクワのスターリン自動車工場の研修やルーマニアの視察団派遣などを経て貿易や外国投資に関わる仕事も担当。1983年に閣僚である電子工業部部長に就任した。

1987年に上海市トップの党委員会書記に就任。その後最高指導部入りした。最大の転機となったのが1989年の天安門事件で、鄧小平は若者らの要求に対し弱腰とみた当時の党トップの趙紫陽総書記を更迭。江沢民に白羽の矢を立て、総書記に起用した。上海市で起きた民主化運動を江沢民がうまく抑え込んだためと言われている。

江沢民は1989年11月に軍のトップ、中央軍事委員会主席のポストを鄧小平から引き継いだ。軍務に精通していない江沢民は軍の掌握に苦労している。無理もないだろう。当時の軍幹部は鄧小平らとともに戦ってきた幹部が中心で、実戦経験がなく強い信頼関係で結ばれた部下もいない江沢民の言うことを聞くはずもない。江沢民は鄧小平の片腕だった海軍出身の劉華清に頼りつつ軍の統制を進めざるをえなかった。

台湾危機で問われた力量

江沢民の「軍事オンチ」ぶりを露呈してしまったのが、1990年代半ばの第3次台湾海峡危機だ。台湾総統選で民主化を掲げる李登輝が有利に傾くと、中央軍事委員会主席でもある江沢民は人民解放軍を動かして台湾海峡に軍事的圧力をかけた。だがこの作戦は米国の虎の尾を踏み、米国の空母2隻が東西から駆けつける事態となった。江沢民は米軍を前に解放軍を引き揚げる失態を演じた。

1950年代に起きた第1次、第2次台湾海峡危機は毛沢東がトップだった。台湾の保有する島に砲撃を仕掛け、一時米国が核使用を検討するほど事態は深刻化したが、結局「痛み分け」で終えている。それどころか毛沢東は自らつくり出した危機をバネに核開発を推し進めた。百戦錬磨の毛沢東と江沢民ではこと軍事面におよんではあまりに対照的だ。

もっともこの点について、知り合いの軍関係者と議論になったことがある。この軍人は「中央軍事委員会副主席に就いていた張万年は1996年当時、江沢民に台湾への進攻を進言していた。もう一人の副主席である遅浩田も反対しなかった。江沢民は二人の副主席の意見に流されずに進攻を踏みとどまった。いまふり返れば識見と判断力があった」と評価した。

外国との戦争をくり返した毛沢東時代を引き継ぎ、軍のスリム化を手がけたのが鄧小平だった。鄧小平は軍のビジネスを解禁し、金もうけに走ることを半ば認めた。

「もう戦争の時代は終わった、これからは爪を隠して米国や日本、欧州といった外国とうまく付き合い、貿易や投資を増やし、国全体を豊かにする時代だ」。こうしたメッセージがあった。肥大化した軍は市場開放の障害になりかねない。彼ら自身に商売を認めることで改革開放を進める狙いがあった。

江沢民は1997年に鄧小平が亡くなるのを見届けると、翌年に軍の改革にのり出している。1998年7月21日に党中央の決定として、人民解放軍と武装警察がビジネスをすることを禁止する談話を江沢民名で発出している。「解放軍と武装警察は一切のビジネス活動を停止せよ。翌1999年1月1日からすべて政府機関の支出で運営する」と宣言している。

当時を知る関係者によると、軍の腐敗ぶりはあまりにひどく、解放軍が税関の密輸取締警察を追い出して堂々と違法な貿易取引をするほどだったという。

江沢民は軍のビジネスを禁止する代わりに軍事予算をふんだんにつけ、軍に大量のカネを流し込んだ。第3次台湾海峡危機での敗北も軍拡を進める格好の口実になった。時は高度経済成長時代。経済成長の果実を官民軍で存分に享受できた。

実際に中国の軍関係者と懇談していても江沢民時代への不満は聞いたことがない。知り合いの軍関係者は江沢民時代に退職し、北京市内に広大な自宅を割り当てられている。時価で数億円はくだらないだろう。この時代に財をなした幹部は多い。

また江沢民が軍のビジネスを禁止した後も水面下で不正は続き、習近平氏が登場するまで軍のポストをカネで買う取引さえ行われていた。江沢民の指示は徹底されずやはり軽くみられていた。毛沢東や鄧小平のようにリーダーとして尊敬の目が向けられることもないが、軍の歓心を買い続けることには成功したと言えるだろう。

2022年11月30日、江沢民が上海で亡くなった。中国共産党は「すべての軍、党、全国各民族に告げる書」を発出し、江沢民の死を悼んだ。「告げる書」は建国の父・毛沢東、改革開放を進めた鄧小平に次いで3人目だった。

江沢民の業績をたたえる文章だが、ひときわ目を引いたのは、江沢民を政治家や外交家と並列する形で「軍事家」と形容した点だ。これについて中国内でも異論を呈した。

香港紙「明報」は2022年12月1日のコラムで、江沢民はウクライナからソ連製の空母ワリャーグを購入して改造し、中国の初めての空母保有につなげた点や、米軍が中国のユーゴスラビア大使館を「誤爆」した後の1998年8月の重要会議、北戴河会議で「998計画」を立案。米国と対等にわたり合うための戦略兵器の開発に先鞭をつけた点が評価されたとしている。江沢民は軍事強国化への布石を敷いた点が「軍事家」との形容につながった。

軍と無縁だった胡錦濤氏

江沢民に続く胡錦濤氏は「調和のとれた社会主義社会」を掲げ、アフリカや中南米外交を強化し、中国の影響力を高めた。その柔和な風貌から海外メディアで「謙虚で控えめな指導者」と紹介されたこともあるが、出世の道を大きく開いたのはチベットでの抗議活動への断固たる対応だった。

安徽省績渓県出身の胡錦濤氏は1942年に生まれ江蘇省で育った。1959年に清華大学水力学部に入学。ダムなど治水関連の技術を学んだ。友人に「本当は政治家ではなくエンジニアになりたかった」ともらしたとのエピソードがある。

清華大学時代に大学内に共産党の下部組織である政治部が設置され、胡錦濤氏は政治指導員となっている。時は1966年、毛沢東が発動した文化大革命の始まりだ。胡錦濤氏は大学の共産党委員会と学長らを支持する側に立ち、毛沢東が背後で操った大学を糾弾する教職員・学生と対立。「保守派」のレッテルを貼られる。

毛沢東は当時、劉少奇らを引きずり下ろすために権威や伝統に挑むように紅衛兵を扇動していた。全国の大学も大混乱に陥っていた。胡錦濤氏もこのとき批判の対象となることを免れなかったが、学生やほかの教員と関係が比較的良かったため、つるし上げや引き回しの対象にはならなかった。この政治闘争後は、どんな政治活動にもかかわらない、政治的無関心を装うようになったという。

大学卒業後、胡錦濤氏は国務院の水利部（当時は水電部）に配属され、新疆ウイグル自治区の東側の甘粛省に派遣される。ダム建築の作業技師としてキャリアをスタートさせている。毛沢東や鄧小平が実質的に軍人としてキャリアを始めているのに対して、江沢民と胡錦濤氏は技師として出発している点が大きく異なる。まじめで謙虚にてきぱきと仕事をこなす胡錦濤氏の評価は高かった。

1981年、甘粛省トップの宋平氏の推薦で、胡錦濤氏を鄧小平の娘と胡耀邦の息子とともに中央党校で共産党の高級幹部となる訓練を受けさせることが決まった。宋平氏のおかげで、当時実権を握っていた鄧小平と、開明的な思想で知られる胡耀邦と縁をつなぐことができた。鄧小平の若手抜擢の号令で、1982年に閣僚級の中央委員に準じる中央委員候補に選ばれている。

チベット鎮圧で頭角

およそ軍とは関係のない経歴の胡錦濤氏だが、最大の転機は1988年から1992年にかけてチベット自治区のトップである党委員会書記に就任した際にやってきた。当時のチベットは共産党統治に反発する大規模な抗議活動が起きていた。1988年、胡錦濤氏は抗議活動からデモ行進にまで広がった事態を重くみて、チベットの省都ラサ市に「戒厳令」を布告し、軍の動員による鎮圧もためらわない姿勢をみせた。これは1989年の天安門事件で李鵬首相が出した戒厳令に先立っており、中国建国後、初めての事態だった。

先述したように、鄧小平は天安門に集まった若者らを武力で鎮圧したことで共産党を守り、党のカリスマ、最高実力者となった。胡錦濤氏は鄧小平に先んじる形で抗議活動を抑え込むことに成功した。

もし胡錦濤氏がチベットの抗議活動の抑え込みに失敗していたりしたらどうなっていたか。共産党は翌年1989年に起きた天安門事件と二正面作戦を迫られていたかもしれない。共産党統治は相当動揺した可能性がある。党の統治を守るという点において、胡錦濤氏のこのときの対応は軍歴不足の弱点を補ってあまりあるものとなった。党指導部の信頼を勝ち取り、次世代の指導者として注目を集めることになった。

チベットの鎮圧から4年後の1992年に、胡錦濤氏は最高指導部である政治局常務委員に選ばれた。中国建国史上2番目の若さだった。同時に、日本政府でいえば内閣官房の要職に相当する党中央書記処書記にも就いている。時系列で見てもチベット鎮圧が評価されたのは間違いない。共産党に大きな衝撃を与えた天安門事件の後だけに、その兆しとも言えるチベットの早期封じ込めの重要性が党長老らの間で認識されたのだろう。

党総書記後も軍掌握できず

若くして江沢民の次の指導者としての地位を固めた胡錦濤氏だったが、2002年に党総書記に上り詰めてから、軍の掌握に苦しんでいる。胡錦濤氏は江沢民から党総書記と国家元首を示す国家主席の肩書は引き継いだが、江沢民が軍のトップである中央軍事委員会主席の座に2004年まで居座り続けて院政を敷いてしまった。

軍歴がなかった江沢民も、政権の前半はほとんど軍を掌握できていなかった。10年たってようやく自身の息のかかった軍幹部を側近で固めたときには、もう引退時期が迫っていた。これが面白くなかったのだろう。「中国の最高指導者は党総書記ではなく、中央軍事委員会主席である」とはよく党内で言われる話だ。任期の定めがなく、軍と核ミサイルなどその軍事アセットを差配する絶大な権限をもつ。江沢民はこのとき、党総書記だけではなく、党序列200位以内の中央委員の座からも退いている。それでも中央軍事委員会主席にしがみついたのは、共産党統治におけるこのポストの重要性を物語っている。

胡錦濤氏の軍の掌握の弱さを示すエピソードとして、ゲーツ米国防長官の「暴露」話がある。2011年1月14日のAFP通信から引用する。

「訪日中のロバート・ゲーツ米国防長官は14日、都内の慶應大学で講演し、(中略)中国の文民統制のあり方について『軍部と文民指導部との間に意思疎通の欠如がある』と述べ、懸念を示した。

ゲーツ長官は11日、訪中し胡錦濤国家主席らと会談したが、中国軍は同日、開発中の同国初のステルス戦闘機『殲20（J20）』の初試験飛行を行った。しかし、会談時に胡主席ら文民指導部は『試験飛行について知らされていなかったことは、かなりはっきりしている』という。

同長官は、胡主席が『（軍を）統制している』ものの、『近年、軍部と文民指導部との間に意思疎通の欠如とも言うべき兆候が見られることがある』と述べた。今回の試験飛行に加え、2009年の米海軍調査船への妨害や07年の人工衛星破壊実験についても、文民指導部が当初知らなかった可能性があるとしている」

当時、胡錦濤氏は中央軍事委員会主席の座にあったにもかかわらず、軍の重要な情報が上がらず軽視されていたことがうかがえる。それを米国防長官に見抜かれて公表されてしまった。

胡錦濤氏は2002年から2012年までの任期のうち、中央軍事委員会主席の椅子には8年しか座れなかった。軍歴もなく戦友もいない胡錦濤氏に忠誠を尽くす軍幹部はほとんどいなかっただろう。軍を掌握できないのはすなわち党の掌握も難しいことを意味する。

退場劇の「真相」は

胡錦濤氏は2012年にすべてのポストを習近平氏に明けわたして引退するが、江沢民のように党内に影響を残すことができなかった。まだ記憶に新しいのは2022年10月の第20回党大会の閉幕式だ。胡錦濤氏は手元にあった赤いファイルを見ようとしたが、左隣にいた習氏側近の栗戦書氏らに阻まれ、習近平氏がお付きの人間に何事かささやくと、そのまま連れ出されてしまった。

胡錦濤氏の退場劇をめぐってさまざまな解釈がなされた。よく言われたのが「健康不安説」だ。当時の在中国日本大使館はこの説を強く支持していた。胡錦濤氏は2019年の建国70周年の式典に姿を見せたときも表情がほとんどなく、手が震えていた。

たしかに年齢からみて病気を患っていてもおかしくはない。共産党は儀式を重んじる。最も重要な党大会で、しかも党トップの経験者が不満や抗議を示す場に利用するはずがないというものだった。

だが、筆者の知り合いの中国人の反応は違った。北京の大学で教鞭をとるある政治学者は「党大会に出席する幹部は徹底的に身体検査をする。5年に1度の最も大事な党大会で不測の事態が起きることは絶対に許されない。胡錦濤氏はかねてより健康に不安を抱えており、ほかの幹部より二重三重のチェックを受けていたはずだ」と指摘する。健康不安説はあり得ないとの立場だ。

胡錦濤氏が連れ出される際にひな壇に座る幹部が誰一人、後ろをふり返らなかったのも奇妙だと指摘する声は多い。彼らは胡錦濤氏の退場劇を事前に知っていたという解釈だ。胡錦濤氏は退席する際に習近平氏と李克強首相の肩を軽く叩いており、これに政治的なサインもうかがえる。党トップとして権力集中を進める習近平氏に対して李克強首相は習近平氏の国務院への介入を警戒する関係にあった。

胡錦濤氏と李克強首相は中国共産党の青年組織、共産主義青年団（共青団）というグループに属する。汪洋氏も李克強首相と同じく共青団系と目された。李克強首相も汪洋氏とも第20回党大会で年齢制限に達していないにもかかわらず、最高指導部から外れて引退に追い込まれた。

それだけではない。共青団のプリンスとして将来は党トップをうかがう立場にいた胡春華《フー・チュンホア》副首相は、党序列25位以内の政治局員から200位以内の中央委員に降格された。胡錦濤系が率いた共青団系はほぼ壊滅した。

胡錦濤氏は李克強首相へのなぐさめと習近平氏に対する遺恨を意図的に外部に示したかったのではないか。チベット鎮圧で若くして頭角を現した胡錦濤氏だったが、党総書記就任後は軍事的な影響力をもちえず、引退後は後輩たちを守ることもできなかった。精いっぱいの抗議があの退場劇の真相ではないか。胡錦濤氏は党大会後、中国国営中央テレビ

（CCTV）で生中継に出ることはなくなった。

軍人だった習近平氏

2012年に党総書記に就いた習近平氏が江沢民、胡錦濤氏と違うのは、軍歴が豊富という点だ。1953年6月15日に北京市に生まれた習近平氏は1965年に地元の中学校「八一学校」に入学する。同校は中国の革命家の子弟が学ぶ特殊教育機関として知られる。

1966年に始まった文化大革命で、建国に貢献した父親の習仲勲が迫害の対象となった影響で、習近平氏自身も反動学生として批判された。紅衛兵によって批判大会に引きずり出されて監獄に入れられた経験もある。

1969年から7年間、陝西省延安市梁家河村に下放され農作業を強いられた。毛沢東が知識青年らを嫌い、地方に追いやったためだ。筆者は2018年に現地を訪れた。すでに聖地となっており、中国全土から観光客が押し寄せていた。あとで聞けば外国人はすでに立ち入り禁止になっていたが、延安市の地元のタクシー運転手と一緒に行ったため、中国人と間違われてすんなり入ることができた。

村内には習近平氏が過ごしたと言われる洞穴がある。内部は立って動き回ることはできるが、大人が5、6人横になれるスペースと長いテーブルがあるだけで、とても快適とは言えない。村人にここで7年間も過ごしたのかと尋ねたら「ここで暮らしたのは最初の1～2年間だけで、残りの期間は別の洞窟で過ごしたんだよ」と教えてもらった。すぐ近くに別の洞窟があり、習近平氏はそこを個室として使っていたという。

この村人によると、下放されてきたとはいえ、習近平氏が副総理まで務めた習仲勲の息子であることはだれもが知るところだった。「みんなでよく面倒をみたんだよ」とふり返った。たしかに当時は下放された身とはいえ、粗末に扱えばのちのちどんな報復が待っているかわからない。習近平氏は共産党の頂点に立ったあともこの村を故郷のように大事にしており、当時の村人の判断は極めて正しかったと言えるだろう。

若かりし習近平氏に日々の食事を作り運んでいた老婆（当時は17歳の娘だったという）にも会うことができた。習近平氏がどんな若者だったかを尋ねると「とてもよく勉強していました」と語った。

すでに聖地と化しているだけに公式答弁だなと感じたが、当時の村人は文字の読み書きも不自由だった。文革が始まるまで教育を受けていた習近平氏は村人を集めて三国志や水滸伝の話をしていたとのエピソードも残る。村で一番の知識人であってもおかしくはない。

もっと当時のやりとりを聞こうとしたら同行していた地元のタクシー運転手が「この人

はわざわざ外国からやってきたんだよ」と教えてしまった。老婆の顔はぱっと厳しい表情に変わり、何も語らなくなってしまった。なんとなく気まずくなってしまい、老婆がつくったという布製の手提げバッグを買って帰った。

共産党ではトップの昔話や裏話はご法度で、「人民日報」や中国国営中央テレビ（CCTV）といった官製メディアが伝えるエピソード以外は一切認めない。

日本や米欧といった民主主義国で政治リーダーになろうとすれば国民の支持は不可欠で、人柄の伝わるエピソードは多いほどよい。しかし、民主主義国の選挙制度がなくトップは内部の権力闘争だけで決まる共産党では、こうした話はリスクとみなされる。共産党のトップは軍のトップも兼ねるだけに、なおさらだ。外部へ伝わる情報は画一化し少ないほうが党を守るために都合がよいという判断だ。

習近平氏は中国の名門、清華大学に推薦制度を使って無試験で入り、北京に舞い戻る。大学時代は化学を専攻したことになっている。大学卒業後、中央軍事委員会秘書長や国防相を務めた耿飈の秘書になる。

耿飈は父・習仲勲の友人で、耿飈の娘も習仲勲の秘書になっていた。習仲勲は建国前は内陸の陝西省を中心に中国西北部で革命根拠地を築いて国民党と戦ってきた軍人だ。共産党を率いるための軍の重要性は熟知している。

軍のトップでもある中国共産党の習近平総書記（北京市人民大会堂、2022年4月8日、筆者撮影）

耿颷も軍歴が約20年と長く、長征に参加した。国民党と勝負を分けた大きな戦いでも第一線を指揮している生粋の軍人だ。習近平氏が軍の実務を学ぶうえで理想的な幹部だったろう。習仲勲は習近平氏に政治の才能を見出したようだった。ほかのきょうだいには商売をさせ、習近平氏だけを公職に就かせている。

話が脇道にそれるが、中国外交部の関係者によると、外交部で2020年までスポークスマンを務めた耿爽氏は耿颷の孫に当たる。さわやかな表情で、記者会見のきわどい質問もさらりとかわし、時には記者に反撃の一言を浴びせることもあった。

記者会見後は記者席にやってきてきさくに雑談にも応じた。北京市育ちで米国留学の経験があり、育ちのよさを感じさせる人物だった。習近平氏が知らないはずはない。共産党で偉くなるには家族や親戚、親同士のつながりが極めて重要だ。

「幻の尖閣危機」を経験

習近平氏が秘書として在籍していた中央軍事委員会は、中国人民解放軍の最高意思決定機関で頭脳にあたる。党の最高指導部らが執務室を構える北京市の中南海に中央軍事委員会弁公室があり、習近平氏は若くして出入りしていた。在籍していたのは1979年から1982年の4年間だ。

習近平氏が軍人になる直前の1978年、日中関係でじつは大きなできごとがあった。沖縄県・尖閣諸島の日本の領海に中国の漁船が大量に侵入したのだ。「幻の尖閣危機」とも言われる。

沖縄方面を担当する第11管区海上保安本部が当時まとめた報告によると、「昭和53年（筆者注、西暦1978年）4月12日から同年5月14日にかけ、中国底びき漁船団が尖閣諸島周辺海域に出漁し、延べ357隻が領海に侵入、うち延べ123隻が不法操業した。当管区は、いち早く警備実施本部を設置し、巡視船・航空機を増強して強力な警備体制をしき、退去・警告を行った」とある。

1カ月間で400隻近い漁船が領海侵入するのはいまからみても極めて異常な数だ。乗っていたのは漁民ではなく海上民兵で、事実上の軍事作戦だった。

当時は最高指導者、鄧小平が日中平和友好条約を結ぶために1978年10月に訪日する直前だった。尖閣周辺で日本側に圧力をかけつつ、いざ条約交渉の際に尖閣問題の棚上げを提起してみせた。中国側が大きく譲歩したように印象づけて、日本側から好条件を引き出すための戦術だった。

この作戦を取り仕切ったのが習近平氏が弟子入りした耿飈だったと言われる。習近平氏は1978年にすでに耿飈のかばん持ちをしていたとの情報もあり、事実であれば尖閣作戦の一部始終を目の当たりにした可能性がある。

尖閣、「現状維持」で合意か

耿飈が暗躍した「幻の尖閣危機」で、中国側は何を手にしたのだろうか。1978年10月に来日した鄧小平は記者会見で、日中両国政府が1972年の日中国交正常化交渉の際に「(尖閣諸島の問題に)触れない」ことで合意し、1978年の日中平和友好条約の交渉でも同様のことを確認したと述べた。鄧小平の主張が正しいとすれば、日本側から尖閣現状維持の譲歩を引き出したことになる。

これに関連して2014年12月31日に共同通信がロンドン発で興味深い記事を配信した。冒頭を引用すると「1982年9月、鈴木善幸首相が来日したサッチャー英首相との首脳会談で、沖縄県・尖閣諸島の領有権に関し、日本と中国の間に『現状維持する合意』があると明かしていたことがわかった。英公文書館が両首脳のやりとりを記録した公文書を30日付で機密解除した」とする内容だ。

日中平和友好条約の交渉などを通じて、日中間で尖閣現状維持の認識ができあがり、それを鈴木善幸首相がサッチャー首相に伝えたと分析している。日本政府側は否定しており、真相は藪の中だが尖閣をめぐって鄧小平サイドから相当ねじこまれている印象はぬぐえない。

駆け引きの極意を学ぶ

「幻の尖閣危機」から44年後の2022年11月。当時とよく似た光景が出現した。

筆者は岸田文雄首相と習近平氏が初めて会談する日中首脳会談を取材するために、20カ国・地域首脳会談（G20）が開かれたインドネシア・バリ島を訪れた。日本政府から早期の会談を申し込んでいるにもかかわらず、習近平氏はバイデン米大統領や韓国、南アフリカ首脳らとの会談を優先し、日中首脳会談は結局、バリ島では開かれなかった。

ちょうどその頃、沖縄県・尖閣諸島の領海に中国が管轄権を主張する海域を警備する中国海警局の船が相次ぎ侵入した。異例だったのはそのうちの一隻の中国公船が海軍の使用する76ミリ砲を装備していた点だった。これはいままでに確認したことのない最大サイズの砲だった。海上保安庁の巡視船の最大サイズの砲（40ミリ）の2倍近い。一種の軍事的威嚇だった。

当時、岸田文雄首相は習近平氏とバリ島での早期の会談を希望していた。日本政府関係者によると、岸田政権の支持率の下落が止まらず、外交で活路を見出す方針を決めていた。だが習近平氏はバリ島で岸田首相をスルーし、会談したのは、次のAPEC首脳会議が開かれるタイ・バンコクに移動してからだった。それもシンガポールやフィリピン首脳との会談を終えた後だった。

岸田首相は習近平氏が会談した14番目の首脳になった。やっと会ってくれたと言わんばかりに身体を硬直させる岸田首相に対して大人風にゆったりとした構えで握手に応じる習近平氏の姿があまりに対照的だった。翌日の「人民日報」はこのときの写真を1面に掲載した。

政権基盤がぐらついていた岸田首相の足元をみたぞんざいな扱いだったが、それでも岸田政権は成果を誇示してみせた。「中国、対日重視鮮明」との論評もでた。相手を威嚇した後にほほ笑めばへりくだってくれる。習近平氏はやはり耿飇から駆け引きの極意を学んでいたのかもしれない。

福建省で仲間と出会う

習近平氏は1982年から2007年まで、地方修行の旅に出る。共産党の指導者育成の特徴は、将来有望な幹部に必ず地方幹部を経験させることにある。基本は地方2カ所でそこのトップである党委員会書記を務めると、党序列25位以内の政治局委員や最高指導部の政治局常務委員を狙える有資格者とみなされる。

中国は広大で、50以上の民族がひしめく。一つの省で人口が1億人前後も珍しくない。地方の実情を知り、地方統治の手法を学び、評価された者だけが中南海(党中央)に足を踏み入れることができる。共産党の伝統的な幹部育成方法だ。

習近平氏の場合、河北省(3年間)、福建省(17年間)、浙江省(5年間)、上海市(1年間)

と地方周りをやって政治局委員を飛び越してそのまま最高指導部入りを果たした。なかでも重要なのは福建省の17年間だ。

福建省の対岸には台湾があり、台湾海峡を隔てて百数十キロしか離れていない。晴れている日はお互いを見わたすことができる近さだ。台湾統一を考えるうえで避けて通れない重要な位置にある。習近平氏はここで、第31集団軍という台湾解放のための部隊に所属していた軍人と親交を深めている。

2022年10月に開いた第20回党大会に合わせて、中央軍事委員会委員7人が選ばれた。習近平氏を主席として新たに副主席になったのは何衛東氏。第31集団軍出身で台湾方面の東部戦区司令官を担当していたキーマンだ。

習近平氏の側近として有名なのは同じく第31集団軍出身の苗華氏。陸軍出身ながら、習近平氏の軍の改革のために海軍に転籍した異色の経歴をもつ。習近平氏が福建省勤務時代に知り合っている。7人のメンバーのうち習近平氏を含む3人が福建省関係者という陣を敷いた。将来の武力統一も視野に入れた「台湾シフト」との見方も出ている。

やはり若いときから共産党における軍務の重要性を理解し、現場で積極的に軍人と交わっておかないとこうした陣容を構えることはできない。前任の胡錦濤氏も甘粛省やチベット自治区、貴州で勤務しているが、軍の人脈を広げた形跡は見当たらない。党トップに立った後に軍を掌握できなかった一つの要因だ。習近平氏は父親や師匠となった耿飈のおかげで軍の重要性を真っ先に学んだことで指導者候補として大きなアドバンテージを有していた。

習近平氏には福建省時代にもう一つ、極めて大きなできごとがあった。1987年に知人の紹介で、彭麗媛氏と結婚した。彭麗媛氏は人民解放軍総政治部歌舞団団長で、軍人のみならず国民の間でも絶大な人気があった。中国の「美空ひばり」と形容されることもある。彼女との結婚は軍内で習近平氏の名前を一気に広めることになった。

習近平氏の言動を見ていると、若い頃から大きな野心を抱いていたことがうかがえる。習近平氏はいちど中国の英国大使の娘と結婚している。英国暮らしにあこがれる彼女から一緒に英国で暮らそうといわれても頑として首を縦に振らなかったとのエピソードがある。英国の「僑報」によると、習近平氏は英国への移住をよしとせず、「西洋での華やかな生活への未練だ」と突き放したという。

党トップ内定も軍が決め手か

習近平氏が胡錦濤氏の次のトップ候補と「内定」したのは、2010年10月、中央軍事委員会副主席に就任したときだ。胡錦濤氏も党総書記に就任する前に中央軍事委副主席に就いている。中央軍事委副主席は党総書記に就くための登竜門と言える。中国共産党の頂点に立つためにはやはり軍事を知る人間でなくてはならないとの考えが浸透しているためだ。

習近平氏が副主席の椅子に座るには紆余曲折があった。当時、最大のライバルは中国共産党の青年組織、共産主義青年団（共青団）出身のホープで胡錦濤氏の直系である李克強氏だった。当然、共青団は李克強氏を推した。

習近平氏を推薦するのは当時、有力な後継候補をもたなかった江沢民派だった。当時の習近平氏は長老に対して控えめで低姿勢で接していたため、江沢民は習近平氏がトップなら院政を敷きやすいとみていた。引退してもなお枯れない江沢民派と、共青団派の権力闘争だったが、軍配は習近平氏に上がった。決め手になったのは軍の支持との情報がある。

当時、胡錦濤氏は米国や日本に対して弱腰だという不満を軍は抱いていた。先述したように米国防長官が胡錦濤氏を指して「近年、軍部と文民指導部との間に意思疎通の欠如とも言うべき兆候が見られることがある」と明かしている。その直系の李克強氏では先が思いやられる。そこで軍に理解のある習近平氏の支持に回ったという解説だ。共産党は党の組織に軍のＤＮＡが色濃く刻まれている。肝心な場面で軍を押さえているかが政局をも左

中央委員（閣僚級）の出身別グラフ

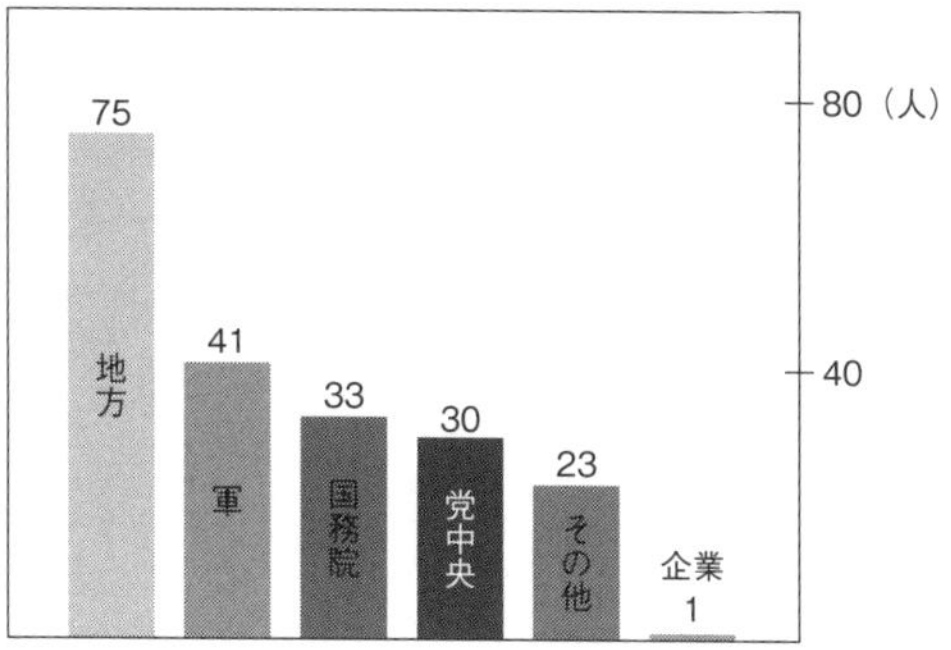

（出所）中国共産党の研究家、稲垣清氏の分類・整理による

右しうる一つの例だ。

中央委員の約2割が軍人

軍を押さえることが党内政局でどれほど有利か、別の角度からも見てみたい。共産党は約200人いる中央委員が党の重要事項を決める体制になっている。彼らは年に1回集まり、中央委員会全体会議を開く。そこで重要人事や重要政策を議論する。

党のトップの党総書記の正式名称は「中国共産党中央委員会総書記」であり、中央委員のなかから選ばれる。中央委員の任期は5年で、5年に1度開く党大会で選び直すしくみだ。

この中央委員のうち、軍関係者は30〜40人占めるのが通例となっている。これに対して外交部出身者は数名しかいない。ほかは地方の書記や閣僚、国有企業のトップなどが占めるが、軍関係者は数字のうえでは最大勢力に近い。しかも地方の書記や閣僚、国有企業のトップは職域で派閥を形成するような力はない。

とくに江沢民派と共青団派がぶつかっていた時期には軍関係者がどちらの支持に回るかは大事な要素だった。キャスティングボードを握っていたと言っても過言ではない。

君子豹変す

習近平氏は2012年11月に党総書記と中央軍事委員会主席のポストに就く。習近平氏の強みは、党高級幹部の子弟グループである太子党出身だったことだ。軍の兵站部門のトップだった劉源氏は国家主席を務めた劉少奇の息子で、習近平氏をよく支えた。

張又侠氏と習近平氏は国共内戦を戦った両氏の父親どうしの絆で結ばれている。2022年10月の党大会で張又侠氏は年齢制限の68歳を超えているにもかかわらず、中央軍事委副主席を続投した。いまも強い信頼関係にあることがわかる。彼らは子どもの頃からの知り合いで、中南海で一緒に遊んでいた仲だった。福建省で見出した苗華氏も陸軍から海軍の政治委員に抜擢した。

体制を固めた習近平氏は2015年から2016年にかけて軍の大改革に乗り出す。反腐敗運動で江沢民ら旧幹部の息のかかった軍人を相次ぎ失脚させた。なかでも胡錦濤時代に中央軍事委副主席を務めた郭伯雄、徐才厚を摘発したときは軍内に最大の衝撃が走った。両氏ともに軍内で大きな派閥を形成していたためだ。

2015年9月には抗日戦争70周年軍事パレードの演説で、軍の「30万人削減」の方針を発表した。230万人いた軍関係者を200万人まで減らす内容で、大リストラだった。当時9人いた中央軍事委のメンバーも2017年の党大会で7人に減らし、習近平氏に権力を集中させた。7つあった軍区を廃止して5つの「戦区」に再編する荒技もやっている。

軍区は当時軍を事実上牛耳っていた軍人の利権と深く結びついていた。とくに胡錦濤時代は党トップの掌握力が弱かったために軍の腐敗は深刻化していた。軍幹部のポストが半ば公然とカネで売り買いされるほどだった。習近平氏は利権まみれの軍幹部を捕まえるとともに彼の子飼いの幹部を送り込み、新たな軍の統治体制を敷いた。習近平氏の「新時代」の始まりだった。

若いときに耿飈に仕えて軍務の要諦を学び、地方の武者修行時代に軍の実態を見てきた習近平氏にはかねてより期するものがあったのだろう。先述した太子党の子弟や福建省時代に見出した幹部らの協力なくしてはできない改革だった。

最大の危機、香港デモ

習近平氏は軍改革を機に、一気に党・軍の権力を手中に収めることに成功する。2016年には毛沢東、鄧小平、江沢民に続いて4代目の党の「核心」に位置づけられた。2017年には国策映画「すごいぜ、中国」を制作し、まさに絶頂の時期だった。

強権を手にした習近平氏が最大の正念場を迎えたのが、2019年3月から2021年夏まで香港で広がった民主化を求めるデモだった。

このデモは、香港政府が捕まえた刑事事件容疑者を中国大陸に引きわたすことを可能にする逃亡犯条例改正案への反対運動で始まった。参加者は香港政府に①条例改正案の全面撤回、②これまでの衝突を「暴動」と認定したことの撤回、③デモ参加者への刑事責任追及の撤回、④警察による暴力行為を独立調査委員会を立ち上げて調べる、⑤香港の行政長官の辞任と直接選挙の実現――を突きつけた。これらは「五大要求」と呼ばれデモは大きなうねりをみせた。

2019年6月16日のデモでは、主催者発表で最大約200万が参加し、1997年の香港返還以降で最大のデモとなった。これは香港市民の4人に1人以上が参加した計算だ。デモ鎮圧までに8000人以上が逮捕される大混乱となった。

当時、習近平指導部が最も恐れていたのは、民主化デモの中国大陸への伝播だった。とくに香港と広東省は隣接しており、人々の往来も多く影響を受けやすい。広東省は中国国内で最大の国内総生産（GDP）を誇っており、経済発展が著しい。自由を求める空気はもともと強い。

広東省が香港のデモに「感化」されれば共産党の統治が足元から揺らぐリスクさえあった。ちまたでは習近平指導部が人民解放軍を投入してデモ隊を鎮圧するのではないか、天安門事件の再来かとささやかれていた。

軍投入も検討していた習近平氏

デモが勢いを増していた2019年8月29日、不気味なできごとがあった。人民解放軍の兵士を乗せた装甲車の車列が広東省深圳市から続々と香港に入ってきたのだ。香港市民がざわつくなかで中国国営の新華社は「22回目の香港駐留部隊の交代作戦が無事に終了した」と配信。「今回の交代は香港駐留部隊法の交代規定によって施行するもので、党中央軍事委員会の承認を受けた正常な定例作戦だ」と説明した。

だが奇妙な点がいくつもあった。まず中国のこれまでの公式資料に交代は11月下旬に行うと書いてある。なぜ8月下旬に前倒ししたのか説明がない。また兵士の入れ替えだというのに香港から出ていく兵士の姿が確認できなかった。香港市民は軍の動向を注視しており、出ていけばSNS（交流サイト）などに写真や動画が上がるはずだった。「以前の交代式で兵士はバスに乗ってきていた」との指摘もあった。なぜ今回は装甲車でやってくるのか。

9月を迎え中秋節が近づく頃、当時北京にいた台湾人の知り合いが突然連絡してきた。「大変だ。習近平は軍を投入してデモ隊を弾圧するつもりだ」という。彼は香港に行き、毎年秋に香港駐留部隊に月餅を差し入れている業者の話を聞いたという。月餅は中国のお菓子の一種で、月のように丸く、平べったい形をしていることからこう呼ばれる。9月の中秋節前に贈り物として用いられる。

この月餅業者は、毎年中秋節の前に5000個の月餅を香港駐留部隊に届けていた。部隊内で兵士1人につき1つの月餅を配る習慣があるという。とすれば約5000人の駐留軍がいる計算になる。公式資料で確認してみると、1997年の香港返還を受けて約6000人の解放軍が駐留するようになったとの記事があり、数字はおおむね一致している。

これが今年は1万個に増えたという。駐留兵士は5000人から1万人に倍増したことになる。これが何を意味するか。香港駐留部隊の指揮権は北京の中央軍事委員会にある。

つまり今回の増員劇は習近平氏が指示していたことになる。

中国側は増員を徹底して秘匿していたことから、軍の投入を本気で検討していた可能性がある。ちょうどこの時期、北京にある米国の大使館と日本の大使館の駐在武官は、解放軍の投入の可能性をめぐって頻繁に情報交換をしていた。

米国側から武力鎮圧の可能性をどう分析しているか連日のように意見を求められたという。担当者は町中に張りめぐらされた監視カメラから逃れるため、変装して散歩をするふりをしながら情報を交換したとふり返る。

越えてはいけない一線、レッドラインはどこにあったのか。いざとなれば軍によるデモ弾圧もいとわない習近平氏の意志が伝わってきた事件だった。香港のデモはその後、2019年12月頃から広がり始めた新型コロナウイルスの流行で下火になり、2020年6月に香港国家安全維持法が施行され、完全に封じ込められた。

中央軍事委主席は手放さない

共産党を率いるには軍の指導者としての資質が重要であるとこれまで書いてきた。ここでは本章を終えるにあたって、軍の視点に立って、習近平氏から遠くない将来、権力交代は行われるのか、あるとすればどのようになされるのか検証してみたい。

2022年10月の第20回党大会を終えて、最高指導部入りしたのは習近平、李強、趙楽際、王滬寧、蔡奇、丁薛祥、李希の7人。王滬寧を除きいずれも習氏直系と言えるが、軍務に携わってきた人材は習近平氏以外にいない。

一つ考えられるのは、習近平氏が中央軍事委ポストを握ったまま、党総書記のポストを50〜60代の幹部に禅譲するケースだ。現状では丁薛祥氏や李強氏が有望とされる。この新たな党総書記は中央軍事委副主席には就くものの、軍権は習近平氏が引き続き握り、新たな指導部に対して院政を敷くシナリオがありうる。江沢民が胡錦濤氏に対して取った手法だ。

習近平氏がこの手法を選択肢の一つにしている形跡がある。ヒントは江沢民死去に伴って流れた2022年12月1日の「人民日報」1面記事にある。江沢民の生涯と業績をたたえる記述が続くなかで、目を引くのは江沢民が中央軍事委主席の異例の続投を決めたときの記述だ。

「当時の国際情勢が複雑で変化に富み、国防と軍隊建設の任務が非常に重いことから考えて、党の第16期第1回中央委員会全体会議は江沢民同志が中国共産党中央軍事委員会主席に留任することを決定した」と明記している。つまり江沢民の院政を完全に正当化している。

謎の人物、鐘紹軍

もう一つ考えられるのは、習近平氏と同じように軍務に通じた党員を幹部候補として育成するケースだ。可能性が決して高いとは言えないが、あえて一人の名前を挙げるとすれば、中央軍事委員会中央弁公室主任を務める鐘紹軍氏が候補ではないか。

彼の経歴は謎に包まれており、発表されているのは1968年10月生まれで、浙江省出身である点だ。党関係者や軍関係者の話をまとめると、習近平氏が2002年から2008年まで浙江省で勤務していたときに仕えた部下で、もともとは公務員だった。習近平氏の秘書が一人欠けたときに、自ら志願した。その忠誠心が認められて秘書になったという。習近平氏の信頼は折り紙つきだ。

興味深いのはもともと公務員でありながら、習近平氏が中央軍事委主席になると、中央軍事委弁公室主任という要職を任されている。軍の予算や人事などすべての機密情報を扱う重要ポジションだ。2022年の第20回党大会で、閣僚級に相当する党序列200位以内の中央委員に昇格している点も見逃せない。習近平氏がかつて耿飈のもとで学んだように、鐘紹軍氏をさらに要職に就けるために学ばせている可能性はないだろうか。

中南海に入るには地方トップの経験が原則で、鐘紹軍氏にはまだ地方や組織の運営経験がないのが大きな弱点だが、彼は2022年時点で55歳とまだチャンスは残っている。

もっとも知り合いの軍関係者によると「鐘紹軍氏はたしかに習主席の信頼は厚いが、能力が高いとはいえない。後継候補とは考えにくい」との評価だった。軍内ではあまり支持されていないようだ。だが一方で見落とせないのは、習近平氏の人事は能力重視というよりも忠誠心重視だ。後継候補かはともかくとして、習近平氏の時代が続く限り、鐘紹軍氏が重要な職務を担い続けるのは間違いなさそうだ。

第3章

中国共産党
支配の原理
巨大組織の未来と不安

民意を問えない巨大集団

共産党の組織力

共産党は国共内戦や抗日戦争で培った組織力であっという間に中国全土に根を張った。ここでは組織力の実態に迫る。共産党はどうやって人材を集めているのか。中国人が共産党に入るにはどうしたらいいのか。1億人の共産党員をだれがどうコントロールしているのか。そして建国期、改革開放期、現代と党員の構成割合も大きく変化した。14億人を率いる共産党はいかに変わったのか。

優秀な人材を囲い込み

共産党関係者によると、共産党は大きく3つのルートから中国の優秀な若手を組織に取り込んでいる。最も重視しているのは、全国から優秀な学生が集まる34大学からの青田買いだ。

北京市では習近平氏の母校である清華大学や、北京大学、宇宙開発に強い北京航空航天大学、中国農業大学など7校が指定されている。上海では習近平氏の知恵袋の王滬寧氏を輩出した復旦大学など3校。ほかにも四川省の電子科学技術大学や甘粛省の蘭州大学など全国津々浦々をカバーしている。

これは日本でいえばキャリアを採用する国家公務員試験（総合職）に相当する選抜プロ

セスに近い。あらかじめ34の大学に限定したうえで、学生に内部採用試験の受験を促すというしくみだ。

国家公務員になるルートには一般的に「国考《グオカオ》」と呼ばれる国家公務員試験がある。34の大学の学生は、国考を受けずに内部採用試験を受験できる。国考よりも倍率が低く、有利に試験を受けることができる。

ただし、大学ごとに枠が決まっていて、大学内での競争は避けられない。北京市のある学生は「倍率は低くても周りの受験者は優秀な人ばかりだから全然油断はできない」と語る。内部採用試験を受けると国考は受けることができない決まりもある。

ここで選抜された学生は、中央官庁の最高峰に位置する国家発展改革委員会（日本の内閣官房に財務省や内閣府、経済産業省などの主要機能を統合したエリート官庁）や財政部、共産党中央組織部、中国共産党の青年組織、共産主義青年団（共青団）の管理職などへの就職が約束される。日本と違って国家公務員と党の主要組織のポストが一緒になっているのが特徴だ。

中央省庁のなかでも外交部は、独自のルートを使って若者を取り込んでいる。中国で外交官になるには、北京大学や外交官の卵を育成する外交学院、北京外国語大学の出身者が有利だ。この3大学には内部採用試験の枠があり、在籍しているだけで有利になる。国考に合格して外交官を目指す道もあるが、採用枠が少なく、非常に険しい道のりになる。

最後の一つが先述の「国考」だ。青田買いの対象となる34大学に含まれない大学の学生らを中心に、成績のよい若者を吸い上げるしくみだ。国家公務員の採用といいつつ、共産党中央組織部が主管している。

中国では、国家公務員になるには共産党員であることが基本条件だ。共産党がすべてを指導する中国では、国家公務員の人事や管理も党中央組織部が仕切る。日本でたとえれば自民党が国家公務員の幹部人事まで決めるようなものだ。

「国考」で漏れた学生を拾うために地方公務員の採用試験「省考《シャンカオ》」もある。これも省ごとにある共産党の組織部が所管している。共産党は二重、三重の構えで優秀な若手を拾い上げようとしている。14億人の中国を率いるために人材を集めないと党運営が立ちゆかなくなるとの危機感がある。

共産党の「新卒採用」

中国共産党員は約1億人いる。毎年百万人以上のペースで増え続けている。中国を率いるエリート集団とも称される共産党は、いまどんな人材を求めているのだろうか。共産党が求める理想の若者の条件を探る。

ヒントになるのが、中国共産党の機関紙「人民日報」が2022年5月4日に載せた優秀な大学生100人の経歴だ。これは国が奨学金を出している全国の優秀大学生6万人のなかからとりわけ優れた100人を選び、表彰する形で顔写真や経歴、技能などが記されている。分析するといくつかの特徴が浮かび上がる。

まずほとんどがすでに共産党のリクルート済みだった。100人のうち77人が、入党済み、もしくは入党を前提とした1年の観察期間である予備党員になっている。中国の大学では党員でもある教師が成績の優秀な若者を勧誘している。

北京の有名大学に通うある男子学生は教師から入党を勧められたが、入党申請の手続きや共産党理論の学習が面倒なため辞退した。すると教師の側で入党手続きはすべて引き受けるので書類に名前だけ書いてくれと頼まれた。必要な勉強も事実上免除された。教師にも「ノルマ」が課されているのかもしれない。100人のうちまだ入党していない残りの23人も党側が囲い込みをしようとしている可能性が高い。

文系の学生よりも圧倒的に理系を優遇していることもうかがえる。100人のうち80人が理系の学生だった。人工知能の研究、新エネルギー、高速通信規格「5G」などの通信技術、ロボットや原子力、宇宙・航空技術といった専攻が目立つ。いずれも軍事技術の研究開発にそのまま結びつくものだ。

残りの20人の文系学生の専攻も偏りがある。経済・財政分野か公安（警察）系大学出身者、あるいは在学中の兵役活動で成績が際立っていた学生に大別できる。法学や文学、社会学など日本のいわゆる文系の学生は皆無に等しかった。古典文学と英語が専攻の学生が各1人いたがまれだ。徹底して理系重視と言えるのかもしれない。

海外留学経験を持つ学生もほぼ見当たらなかった。「海外留学すると入党には不利になる」という話も聞く。習近平時代になって中国は確実に内向きの傾向を強めている。習近平氏は2022年4月に北京市の中国人民大学を視察し、「中国の特色ある世界の一流大学をつくり上げよ」と号令をかけた。人民大は世界の大学ランキングからも脱退してしまった。

女性の時代は来るか

優秀な学生100人の男女比は56対44だった。約1億人の共産党員の男女比は約7対3で、女性比率は学生のほうが高い。これからは若い女性の積極採用が必要と判断しているのだろう。

ちなみに過去の共産党幹部における女性の割合は極めて低い。党の歴史上、トップ数人で構成する最高指導部である政治局常務委員に昇格できた女性は一人もいない。その下にいる政治局員になれた女性も6人のみだ。そのうち3人は毛沢東、周恩来、林彪という革命世代の指導層の妻たちだ。序列200位以内の中央委員に広げてみても女性の割合は1956年以降、1割以下にとどまっている。

女性をめぐっては党規約第35条に「党は女性幹部と少数民族幹部の育成、選抜・登用を重視する」と記してある。毛沢東も、女性の役割の大きさは天の半分を支えるとたとえた「半辺天」という言葉を残した。いまでも日常会話で女性を指す言葉として使われる。それでもこれほど女性の抜擢が進まないのは「歴史」が関係している。

中国には「牝鶏之晨《ひんけいのしん》」という言葉がある。朝を告げる役割を本来の雄鶏ではなく雌鶏が担うという言葉から転じ、女性が権力を握ると国が乱れる、という意味だ。よく引き合いに出されるのが、清朝末期に実権を握った西太后や唐時代に病弱な皇帝を背後から操っていたことで知られる則天武后だ。

西太后や則天武后にはいずれも肯定的な評価もあるにもかかわらず、中国ではこの言葉はいまでも信じられている。共産党の性格の変化を占うバロメーターとして女性の幹部起用割合は、これからも注目に値しそうだ。

ジャッキー・チェン氏の「共産党に入りたい」

日本でも有名な香港出身のアクション俳優ジャッキー・チェン氏が「共産党員になりたい」と2021年に語り、中国大陸で話題を呼んだ。中国国営中央テレビ（CCTV）によると、チェン氏は北京で開かれた中国共産党結党100周年を記念する座談会に参加。その際に「共産党は偉大だ。約束したことは数十年で実現するだろう」と党をたたえた。「私は中国人になって光栄だが、共産党員がうらやましい。私も党員になりたい」と話した。

香港の俳優にとって自身が出演した映画の成否は中国大陸での興行成績に大きく左右される。中国の映画やテレビを統制しているのは共産党中央宣伝部で、ジャッキー・チェン氏の発言は一種の「おべっか」と受け止められているが、実際に中国人が共産党に入るにはどうすればいいのだろうか。

入党申請するにはまず18歳以上であることが必要だ。党規約第1条は「満十八歳に達した中国の労働者、農民、軍人、知識人およびその他の社会層の先進者で、党の綱領と規約を認め、党の組織に加わって積極的に活動し、党の決議を実行し、期限通りに党費を納める意思がある者は、中国共産党への入党を申請できる」と定める。

「中国の労働者、農民」と書かれているため外国人は不可にみえるが、過去に入党の例はある。日本人では小林寛澄（1919～2019年）が知られる。日中戦争で捕虜となり、共産党に転向した。建国後に山東省トップの書記の推薦を経て入党している。こうした例は米国人や北朝鮮人、ドイツ人などにもある。ただ建国前後に入党したケースがほとんどで、最近では話題にならない。現在は党内で外国人の入党は事実上禁止と受け止められている。

共産党入党のための審査プロセスは厳格だ。ある日中政府首脳級の食事会で、中国側の要人が「多くを学習し、研鑽を積んだ人間だけが共産党に入ることができる」と発言した。日本側の要人は「自民党は年間4000円の党費を支払えばだれでも入ることができますよ」と言って場の雰囲気を和らげたというエピソードがある。閉鎖的な共産党の審査プロセスとおおらかな自民党の対照性が浮かび上がる。

立ちはだかる4つの関門

党規約の第5条には入党するための申請や審査プロセスが定められている。大きな流れとして①入党申請→②「入党積極分子」として認めてもらう→③「党員発展対象」に認定→④予備党員入り→⑤入党――の5つのステップを進む。

「入党申請」にあたってはまず入党志願書を書き上げる必要がある。なぜ共産党に入りたいのか、抱負は何かを詳しく書かされる。この段階でおよそ半数がふるいにかけられる。「入党積極分子」となったあとは一定期間、教育訓練を受ける。おおむね1年以上かかるようだ。そこで待ち構えるのが政治審査だ。党の理論や方針に対する本人の姿勢はどのようなものか、真摯に党の歴史を学んでいるか、歴史認識などが問われる。職場や学校内などにある党支部で調査や議論を経て「党員発展対象」になることができる。

「党員発展対象」は、予備党員の手前のトレーニング期間だ。ここまできて入党の道がようやく見えてくる。最も手間のかかる最大の山場といってもいい。まず党中央組織部がまとめた「入党教材」を数日間かけて学習することになる。入党教材は普通の本屋やオンラインでも購入できる。せっかくなので購入してみた。

学ぶ内容は共産党員として必要不可欠な知識ばかりだ。マルクス・レーニン主義、毛沢東思想、鄧小平理論、江沢民の「三つの代表」重要思想、胡錦濤氏の提唱した科学発展観、「習近平の新時代の中国の特色ある社会主義思想」といった政治思想教育にしっかりとページが割かれている。

共産党の組織のしくみや規律もここで学ぶ。入党手続きや党費の納め方まで書いてある。全部で約250ページあり、日本円でおよそ400~500円程度。

入党教材で学び、ここで改めて入党志願書を書くことになる。入党の段階で提出した「入

共産党への入党プロセス（イメージ）

2000万人が申請して、入党できるのは300万人程度

有名大学在籍が基本的条件（入党希望者2000万人）

↓入党申請

入党積極分子（1000万人）

↓１年以上の教育訓練と政治思想審査、周囲の評判の聞き取り調査

党員発展対象（600万人）

↓２人の推薦人＋共産党の学習会に参加

予備党員（300万～400万人）

↓１年間の行動観察

入党（300万人）

（注）2021年の例をもとに筆者作成

党申請書」とは異なり、一連の学習を通して学んだことや考えを開陳する必要がある。党員によると、党規約の遵守や生涯を共産主義にささげる覚悟、自己犠牲をいとわない覚悟、党に永遠に反逆しないといった要素が不可欠になる。

党の理念や歴史の知識を書き、志願動機や自分の長所や短所といった自己分析を記入したらできあがりだ。手書きが必須で、パソコンで書くのは不可という。

両親が党員なら有利

大事なのは党員2人による推薦書だ。職場の上司や、大学生なら大学の教師などが想定されている。「入党紹介人贈言（推薦者による贈ることば）」という表題で、なぜその人物を推薦するのかを書いてもらうことになる。知り合いの党員によると、両親が党員なら書いて

もらうことも可能だ。職場や学校の関係者の間で評判が芳しくなかったり、付き合いが乏しかったりすると推薦人が見つからずつまずくことになる。

最終段階として党の末端組織である支部（大学や会社ごとにある党員のための組織）で審査をして、本人との面談を経て扱いが決まる。認められれば第1章で紹介した宣誓式に臨み、誓いのことばを述べて予備党員になることができる。

宣誓式のあとは1年間の予備党員期間だ。見習い期間のような位置づけで、党の教育訓練を受けつつ、その人の人格や適性を最終判断する場となる。

知り合いで予備党員まで進んだもののの、「留年」になった人がいた。彼が日本留学中に共産党を批判する発言をしたと告げ口をした人間が現れたという。入党後に何か問題が起きれば支部のトップである書記は責任を問われかねない。彼は予備期間を1年延長になり、徹底した身辺調査が行われた。疑いが晴れていまは国のシンクタンクで働いている。見習い期間といいつつも、最後まで気が抜けないようだ。

以上、党規約や関連資料、取材で聞いた話をもとにして入党プロセスを紹介したが、「上に政策あれば下に対策あり」は、中国で最もよく使われる格言の一つ。抜け穴のような近道もある。大学の成績が優秀で日ごろの行いに問題がなければ教師が入党手続きをあれこれ手伝ってくれることもある。

北京大学や清華大学のように中国トップの大学の学生なら半数近くが共産党員になる。大学内にある共産党組織（支部）が囲い込みにかかるので審査は形式的になりがちという。大学ランキングで10位前後にいる天津市の南開大学の学生によると、党員になるのは3～4割程度。ランキングが下位になるにしたがって入党割合も下がる傾向にあるようだ。

党の末端組織、支部

長い審査をくぐりぬけて入党が認められたら、その学生は大学にある党支部に所属することになる。会社員の場合は職場にある党支部に入る。党規約では3～49名の党員で一つの党支部をつくるように定められている。大学では学科や専攻が党支部を設置する対象になる。

党支部は共産党が全国すべての地域や職場、学校、農村に根を張るための足腰で、党員を教育する場となる。党支部なくして共産党は存在し得ないと言えるほど重要な存在だ。全国に約500万の党支部がある。

党支部では、習近平氏の重要発言を盛り込んだ思想教育や党中央が決めた方針を学習会の場を通じて党員で共有する。党員向けの宣伝工作（プロパガンダ）をする機能を持つ。

ある主要な党機関に勤めている党員によると、毎週月曜日の午前と金曜日の午後が学習会の時間に充てられている。平日5日間のうち、合計丸一日を学習会に充てる計算になる。習近平氏の重要発言や「人民日報」などを教材にして学ぶ。これはわりと多い例で、党支部によっては週1回のケースもあれば月に数回という場合もある。民間企業に設置された党支部ではさらに少ないようだ。全体の傾向として言えるのは、2012年に習近平氏が総書記に就いて以降、思想教育の時間は年々増えているということだ。

党機関に勤めている知人に「学習会で意見表明をしたり論文を書いたりもするのか」と聞いたら、彼はにやりと笑って「自分の意見を言ってはいけないんですよ」と返ってきた。学習会とはあくまで時の指導者の政治思想をすり込む場であり、復唱や丸暗記以外は許されない。自分なりに解釈したり、個人の見解を述べたりしてはならない。

党支部では思想教育と関連づけてレクリエーションも企画する。共産党の歴史にちなんだ「紅い旅行」を計画することも多い。

共産党支部工作条例によると、党支部は入党希望者の人材発掘や教育・訓練、入党審査のプロセスで大事な役割を担っている。上級の党組織に意見の提出や報告もできる。党支部は、末端の党員が日ごろ何を考え、どんな不満を抱いているのか現場の意見を吸い上げる機能も持ち合わせている。

共産党は草の根まで浸透している

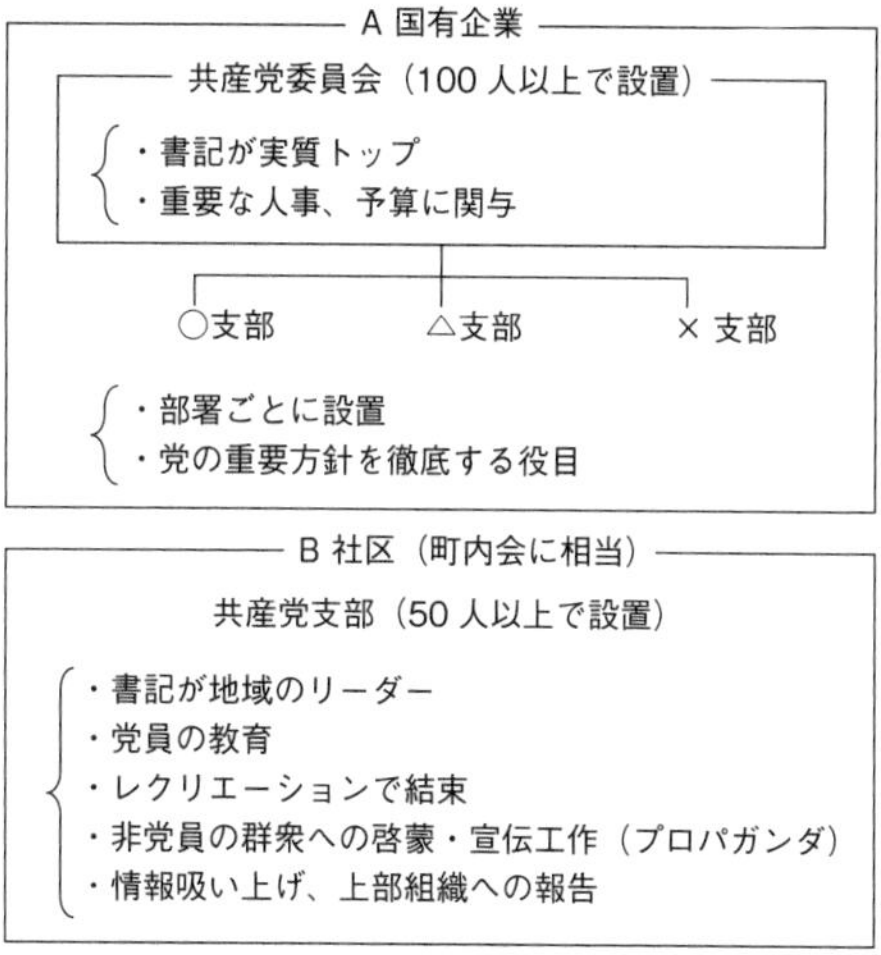

日本の町内会に相当する社区にある党支部は、党員以外の住民（群衆と呼ばれる）との窓口役も果たしている。党支部の活動は、そのまま住民による共産党の評価につながっている。党支部なくして共産党なしと言われるゆえんだ。

長年中国に駐在して党組織を研究した西村晋氏は著書『中国共産党　世界最強の組織』で、「どうやって下からの意見を吸い上げ、そして、上で決定された政策をだれがどのように実行するかといった面にこそ、草の根民主主義と一党独裁が巧みに組み合わされた中国式統治システムの、さらに言えばいまの中国社会の特徴がある」と評価した。そのしくみの核心部分が党支部だと指摘している。

企業が党委員会を置くメリットは

北京市の中心街にある大手弁護士事務所のオフィスを見学させてもらう機会があった。「ここは特別な場所なのです」と案内してくれた弁護士が部屋の扉を開くと、目に入ってきたのは壁いっぱいにかけられた巨大な共産党の党旗だった。弁護士事務所内に設けられた党委員会室だった。

党委員会は党支部の上部組織になる。会社でたとえると部署ごとに設置されるのが党支部で、頂点に位置する党組織が党委員会だ。大学でいえば学部ごとにあるのが党支部で、大学内のトップの共産党組織が党委員会だ。

部屋の入口には「党建活動室」との看板がかかっている。天井にも共産党のシンボルである労働者を示すハンマーと農民を象徴する鎌が交差するマークがあしらわれている。党員の弁護士が会合を開く場として提供しているという。

実際のところ多忙な弁護士が党の活動のために集まれる時間はかなり限られる。この一等地でひと部屋を遊ばせておくのはもったいないようにみえる。ところが、国有企業などの大口顧客がオフィスを訪問した際にこの党委員会室を見せると「共産党としっかりしたパイプがある」と安心してもらえるのだという。中国の企業にとって党委員会室は「広告塔」のような役割も果たしている。

入党目的は公務員・国有企業

共産党に入ろうとする若者の多くは、中央政府や地方政府などの公務員や国有企業での就職を目指している。入党すれば公的機関への就職がしやすくなり、また昇進スピードも非党員よりも早い。中国では共産党がすべてを指導する。党規約では「党・政・軍・民・学の各方面、東・西・南・北・中の全国各地は党が一切を指導する」と規定する。公的機関で働く以上、党員であることは基本条件と言える。

一度入ったら抜けられない

民間企業では党員か非党員かはあまり関係がない。中国の名門、清華大学に通っていたある女子学生は大学時代に入党したものの、その後、弁理士（专利代理）になり民間企業に就職した。党員になると月収が1万元（1元＝20円で計算すると20万円）以上の場合はその2%を党に納めるルールがある。

税金・保険料を引いた可処分所得から支払うことになっており、たとえば月収1万元の場合、日本円で毎月3000〜4000円程度を納める必要がある。彼女の場合、毎月300元（6000円程度）を給与から天引きされていた。「党費がこんなに高いとは知らなかった。物価の高い北京で党費まで支払っていたらやっていけない」とこぼしていた。非党員の同僚は党費の天引きはないため、よけいに不公平感を感じるという。

さらに負担になるのが、定期的に職場で開かれる党員向けの学習会だ。彼女の職場の場合、毎月3回、1時間半ずつ、1カ月で合計5時間近い学習会への出席を義務づけられていた。そのうちの1回は自身の発表を求められる。仕事の合間に習近平氏の重要講話や党の理論を勉強しなければならず、多忙を極めるという。

彼女は一時、党から抜けることを考えていた。党規約には脱党の定めもある。党の支部での議論を経て決定し、その上の党組織の批准を経て脱退できることになっている。ところが実際には脱党は極めて難しいことがわかった。

彼女の推薦人2人の面子を傷つけるうえに、党の支部にとっては不名誉このうえない。なぜそんな人間を入れたのかという責任問題にもなる。入党審査のプロセスであまたの人間が関わりOKを出しているだけに、抜ける場合には彼らの監督能力が一様に問われることになってしまうのだ。ましてや超有名大学の優等生ともなればなおさらだ。

事実上脱党できるのは党内で大きな問題を起こして処分された場合に限られるという。共産党が最上位にある中国で党費を免れるためにわざわざ脱党するのは、のちのちどんな嫌がらせに遭うかもわからない。その彼女は不満をこぼしつつも党籍を維持している。

「純粋でまっすぐ」な人が多い

共産党は手間と時間をかけて審査・教育をするだけに、党員の質は一定に保つことができる。実際にこれまで会ってきた党員もまじめで、組織内で生きる協調性や柔軟性を備えている人が多かった。日本の公務員や大企業勤めに似ている。だがどことなく「型」にはまった優等生タイプが多いと感じることが多かった。

2022年に河北省唐山で「唐山殴打事件」が起きた。中国で唐山と言えば1976年の唐山大地震を想起する人が多い。同じ年に毛沢東や周恩来が死去したため、唐山と聞くだけで不穏な響きがある。

2022年6月10日未明、河北省唐山市の地元のお店で食事をしていた女性グループのうち1人に男が話しかけ、体を触った。女性が男の手をはねのけると、男は激高し、女性を殴り倒した。倒れた女性の髪をつかんで引きずり回したうえ店外に連れ出し、再び殴り、顔面を蹴るなどの暴行を続けた。別の男らも被害に遭った女性の友達に殴る蹴るの暴行を加えた。当時の監視カメラの映像が流出し、中国内で大騒ぎになった。ネット上では血まみれの現場や女性が死去したとの情報も流れた。

この事件が起きた後、唐山出身の女性党員と話す機会があった。事件の感想を聞いたところ、即座に「あれは軽傷です。たいしたことはありません」と話した。映像を見る限り、生きているかわからないほどのひどい暴行だったが、たしかに公安当局は「軽傷」と発表した。彼女は出身地の都合の悪い話に触れたくなかったのかもしれないが、ごくさらりと話したのが印象的だった。

格差は固定

毛沢東が権力の奪還のために１９６６年に発動した文化大革命を経験した中高年なら当局発表には「ウソ」や宣伝目的が多いと肌で知っている。だが20~30代になるとよく言えば「純粋でまっすぐ」に当局発表をうのみにしているケースも多いと感じる。入党の審査プロセスもおおらかだった数十年前と、厳しくなったいまでは実態が異なる。たたき上げの中高年党員とエリートの若手党員ではだいぶ感覚が異なるようだ。

共産党の入党審査は学校の成績だけではなく周囲の評判も大きく影響するため優れている面はある。だが大きな弱点もある。それは国有企業や大企業、大学といった大きな組織に所属する人が優先して入る体制になっており、失業者やアルバイト、自営業者といった在野にいる人が入るのは極めて難しくなっている点にある。若い頃にいったんドロップアウトしてしまうと、入党するのは極めて難しくなる。

共産党を象徴する徽章は先述した通り労働者のハンマーと農民の鎌がクロスに組み合わさった図柄をしているが、皮肉にも現代ではこうした人材ほど党の選抜過程からはじかれやすくなっている。党支部が大学や中央官庁、党の中央組織、国有企業、大手企業に重点的に置かれており、在野にいる人々へのカバーが手薄になっている。

大学の党支部であれば入党希望者を審査するのは比較的容易だ。学業成績は容易に把握できるし、党員である教師は学生を日々観察している。中国の大学生は大学内にある宿舎で暮らすのが一般的で、宿舎は管理人が目を光らせている。日ごろの行いは24時間見られていると言ってよい。360度からの評価が可能だ。大企業や国有企業も上司や部下の党員による監視の目が行き届きやすい。

一方で大学に進学できない若者や貧困層、失業者、アルバイト、自営業者らは、入党の入口にすら立つことが難しい。彼らが入党申請をする場合、どこの党支部に申し込むのかという問題がまず発生する。彼らを大学生や大企業勤めと同じように360度評価するのも事実上困難だ。中国共産党はエリート集団と言われるが、そもそも入党申請の段階で、エリートの卵しか申請ができないと言っていい。社会的に厳しい立場に置かれていた人間が一念発起して入党し、サクセスストーリーを歩むのは事実上不可能に近い。共産党の入党審査が厳しくなり、洗練されるほど、一般庶民との分断が進む危うさを抱えている。

共産党が共産党でなくなったとき

共産党は何を目指しているのか。党規約で最も大事な総綱にはこう書かれている。「中国共産党は中国労働者階級の先鋒隊であると同時に中国人民と中華民族の先鋒隊であり、中国の特色ある社会主義事業の指導的中核であり、中国の先進的生産力の発展の要請を代表し、中国の先進的文化の前進方向を代表し、中国の最も広汎な人民の根本的利益を代表する。党の最高の理想と最終の目標は共産主義の実現である」

共産党は、陳独秀や李大釗といった知的な少数エリートたちが労働大衆に革命を呼びかけるところから歴史が始まった。労働大衆こそが革命の原動力だった。

だが共産党中央組織部が出している党員構成をつぶさに見ていくと浮き上がるのは、共産党が共産主義を目指す労働者階級のための組織から企業経営者や国有企業に勤める準公務員、公務員らの組織に変貌を遂げているという現実だ。実際に共産党員と接していても、若かりし毛沢東や陳独秀や李大釗があこがれた「共産主義」はだれも口にしない。

統計上、大きな節目となったのが、結党から98年たった2019年の数字だ。

中国共産党の党員9191万人（2019年末時点）のうち、企業経営者や国有企業などに勤める事務職や研究職が3219万人と、工場労働者や農民らの3201万人を上回った。これは1921年の結党以来初と言えるできごとだった。共産党の徽章には工場労働者を示すハンマーと農民を象徴する鎌がクロスする図柄が入っているが、すでに少数派に追いやられている。共産党はもともと持たざる者のための政党として始まったが、いまや持てる者が主流を占める政党への変化が見える。

共産党員の変化に詳しい大東文化大学東洋研究所の鈴木隆教授は「労働者と農業者が主流でなくなった共産党は政治集団としてのアイデンティティを失いつつある。共産党はイデオロギー的正統性が損なわれるという矛盾を抱えたまま、2021年7月の党創立100周年を迎えた」と話す。

党組織部の統計によると、2019年末で農村からの出稼ぎ労働者や製造業の工場労働者、店員・販売員などを指す「工人」は645万人だった。「農牧漁民」は2556万人で、

共産党でホワイトカラー層と労働者・農民が逆転した

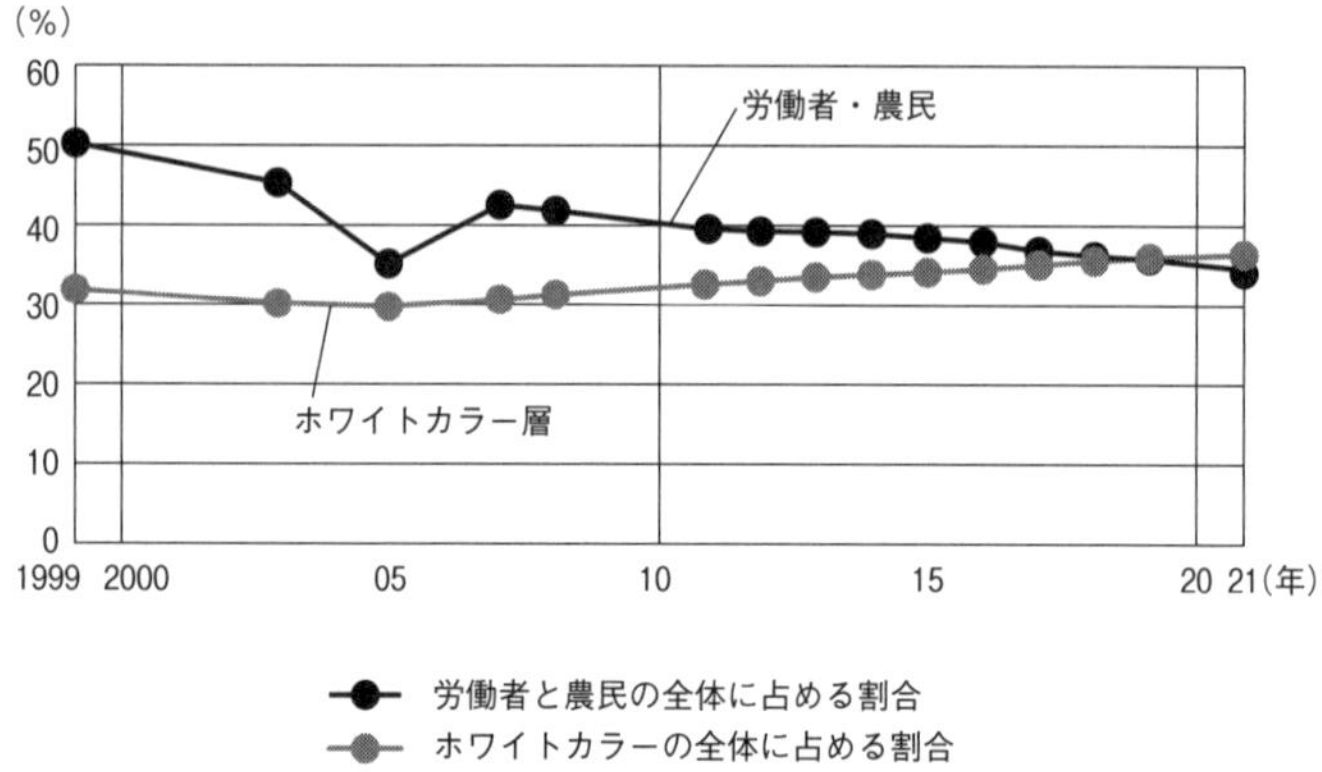

中国共産党員の推移

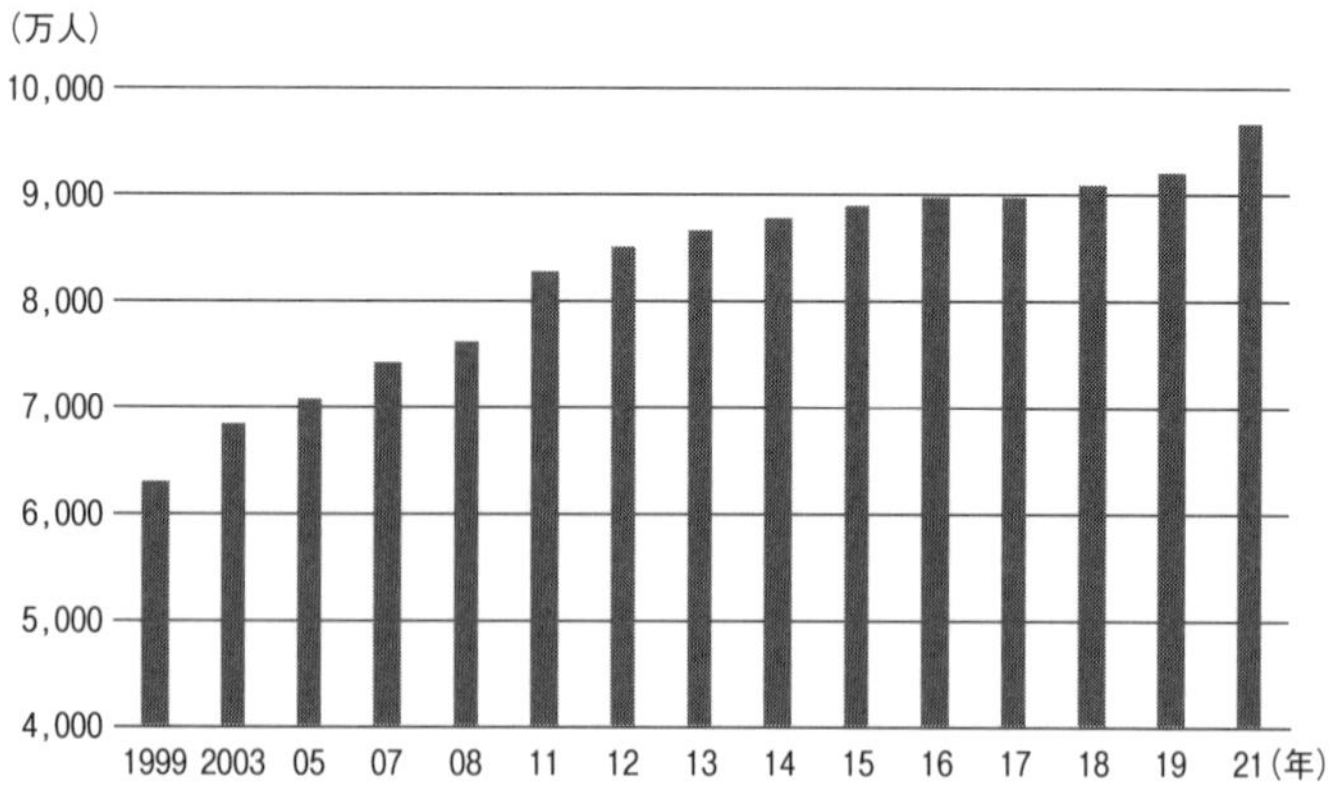

合計で3201万人。全体に占める割合は34・8%だ。日本でいえば農業従事者やパートタイム労働者やアルバイト、派遣社員らだ。こうした人々は党で居場所が減っている。

これに対して国有企業や民間勤めの専門職や技術職は1440万人、企業を経営する管理職らは1010万人、党や政府の機関に勤める人は768万人。合計3219万人と全体の35・0%を占め、現場の労働者や農民らを初めて上回った。企業経営者を含む会社勤めの党員（2451万人）に限ってみると、20年間で1000万人以上も増えている。

最大勢力は「資本家」

2021年末のデータもまた興味深い。党内で一貫して最大勢力を誇ってきた農牧漁民（2592万）を、会社勤めの党員（2644万人）が共産党史上初めて上回った。全体でみても、「工人」と「農牧漁民」の占める割合は33・6%に低下。ホワイトカラー層（専門職や管理職と党や政府機関職員含む）は35・4%と過去最高を更新し、その差は広がり続けている。党員全体の数は9671万人と1億人に迫り、結党時（約50人）に比べ約200万倍の急成長ぶりだ。

共産党は党規約で「党は中国労働者階級の先鋒隊」と明記している。中国の憲法第1条では「中華人民共和国は労働者階級が指導し、労農同盟を基礎とする人民民主独裁の社会主義国家」と定義する。いまや工場労働者や農民は少数派に転落し、企業経営者らホワイトカラー層が主流を占める政党に変化した。

なぜ会社勤めの党員が増えるようになったのか。背景にあるのは、鄧小平が1970年代後半から進めた改革開放政策だ。公有制と計画経済の堅持を放棄した。1992年には江沢民が共産党の指導のもとで資本主義を取り入れる「社会主義市場経済体制」を導入。中国の経済構造が農業中心の第1次産業から第2次、第3次産業へ急速に転換した。

直接のカギは2002年の第16回党大会にある。江沢民総書記（当時）が「三つの代表」理論を党規約に盛り込み、民間企業の経営者らの党への入党を認めた。

「三つの代表」とは①先進的な社会生産力の発展の要求（世界的レベルの進んだ生産力を取り入れる）、②先進文化の前進の方向（先進的な文化に発展させる）、③最も広範な人民の根本的利益（全人民の利益を代表する政党に変革する）の3本柱で成り立つ。とくに重要なのは③だ。「最も広範な人民の根本的利益」を明記したことは、共産党が労働者の代表ではなくなったことを示した。

共産党は労働者階級のための組織である以上、資本家は対立するため「敵」だった。資本家から私有財産を没収してすべての富や資源、サービスを人民が共有する共産主義を目指していた。毛沢東時代は「清貧」が党幹部の美徳とされていた。

ところが江沢民が党規約で共産党が「広範な人民」を代表すると定義し直したため、改革開放以来、中国で増えた経営者や資本家らも含めることができるようになった。

これは、党内で市場経済化の流れに合わせて企業家らを取り込まないと、政権党として基盤を維持できないという危機感があったためだ。中国がちょうど世界貿易機関（ＷＴＯ）に加盟し、経済のグローバル化に対応していこうとした時期に重なる。「労働者階級を代表する党」と位置づけてきた共産党は、改革を通じて幅広い層を取り込むことができるようになり、党の構成員が大きく変わるきっかけになった。

利権集団への変貌

ここでもう一つ大事なのは、江沢民の「三つの代表」理論は、民間の企業経営者を取り込んだだけではなく、巨大な権限を持つ共産党幹部が経済の市場化を通じて企業経営者や不動産所有者、金融資産保持者といった資本家に変貌し、中国社会の大半の富を堂々と握ったことにある。

言ってみれば、共産党員がいよいよ共産主義という理想をかなぐり捨てて、大手を振って金もうけに邁進することができるようになった。既得権益層に党が政治的なお墨つきを与えたに等しい。貧富の格差が一気に広がるきっかけをつくった。

そこには労働者のための共産党という視点はほぼない。持てる者ほど共産党による統治の維持を必要とし、持たざる者ほど共産党から遠ざかってしまう矛盾をはらむようになった。

米紙「ニューヨーク・タイムズ」は、温家宝元首相の一族は平安保険公司を利用して27億ドルの不正蓄財をしていたと報道している。程暁農氏ら在米中国人経済学者の『中国――とっくにクライシス、なのに崩壊しない〝紅い帝国〟のカラクリ』によれば、共産党高級幹部の子弟や親族が権力を利用してビジネス活動を本格化したのは、江沢民（党トップの総書記に就いたのは1989〜2002年）と胡錦濤（同2002〜2012年）の時代だった。

具体的には、国有企業を管理していた共産党高官はその国有企業の純資産額を不当に低く見積もり、銀行融資で自ら購入。民営化プロセスの中で株の一部を高値売却し、巨万の富を得つつ、経営者としても居座るという手法が横行していたという。党高官は濡れ手に粟で、企業経営者にも大規模不動産や高額の金融資産の所有者にもなりうる。こうした勢力は、先ほどの党員区分の「ホワイトカラー層」に分類されている。

同書は「金融やエネルギー業界に進出し、私募ファンドの運営や国有企業の掌握によって、まさしく一族と国家が一体となった利益運搬メカニズムをつくりあげた」「彼らは公然と国有資源と公共財の山分けに走ったが、これは中層・下層の役人による腐敗行為のあしき手本となった」と指摘する。

さらに具体的に党幹部の名前を挙げて業界のつながりを記している。たとえば李鵬元首相の子女は、中国の電力業界を支配している。息子の李小鵬氏は中国華能集団の社長・会長を歴任し、「アジアの電力王」と呼ばれた。江沢民の息子、江綿恒氏が通信業界を牛耳ってきたのは、党関係者の間では有名な話だ。元国家副主席、曽慶紅氏の息子、曽偉氏は石油業界に手を出していた。

1990年代末から国有企業に大なたをふるって改革した朱鎔基元首相の息子、朱雲来氏でさえモルガン・スタンレー証券による中国国際金融公司の株式約34%の取得を手配し、後に同社のCEOに就任した。朱鎔基の娘、朱燕来氏は中国銀行（香港）の副総裁に就任とある。

六本木に500平方メートルの邸宅

共産党が経済活動に邁進した結果、中国経済が急スピードで成長した半面、貧富の格差は大きく広がった。中国国家統計局の2021年の発表によると、係数が0に近づくほど所得格差が小さく、1に近づくほど所得格差が拡大していることを示す全国住民1人当たり可処分所得ジニ係数は、2008年に最高点0・491に達した。2020年は0・468で、暴動が起きうる警戒ラインの0・4を上回っている。

北京大学が公表した『中国民生発展報告2015』の調査結果によると、世帯の財産についてのジニ係数は1995年の0・45から2012年には0・73に拡大した。これは最上層の1%の家庭が全国の約3分の1の財産を保有する計算になる。底辺層の25%の家庭の財産は、全体の1%程度にすぎない。

中国で生活していると、とんでもない金持ちに遭遇することがある。中国の国政助言機関である全国政治協商会議（政協）の委員を務めたことのある共産党高官と懇談したところ、北京の豪邸だけではなく東京・六本木に500平方メートル超の邸宅を構えているという。その高官の妻は、だれもが知る最高指導部のメンバーが若かりし頃働いていた職場の上司の娘にあたり、周囲からは最高指導部に近いと目されている。

北京市の郊外には東京・大田区の田園調布に相当する超高級住宅街があるが、知人の中国外交部ＯＢはそこに住んでいる。習近平氏の直筆サイン入りというワインのボトルを見せてもらった。2階の彼の部屋はなぜか北朝鮮の金日成や金正日の巨大な肖像画であふれていた。

いちばん驚いたのが日本の元政治家の紹介で、北京市の故宮（紫禁城）に隣接する東側の敷地にある豪邸に案内されたときだ。日本でいえば皇居の真横に私邸を構えているのに近い。表札はなく、門をノックすると守衛が出てきて入念に身分を確かめられた。紹介してくれた元政治家の微信（LINEのようなもの）の画面を見せてようやく中に入れた。

チベット仏教の保護者を自任する中年女性が住んでおり、中国式庭園の横に彼女とその娘の美術品を展示するための専用美術館が併設されている。本館の建物は故宮を模した造りになっていて、エレベーターで3階に案内され円卓テーブルに座ると、専用の料理人がつくった北京料理が次々と運ばれてくる。窓からはライトアップされた本物の故宮を眺めることができる。

「中国で本当の金持ちは外のレストランには食べにいかない。気に入ったシェフを雇い好きなものを毎日つくらせる」。同席した別の人はこう教えてくれた。この女主人もまた王岐山《ワン・チーシャン》前国家副主席の30年来の友人だという。中国で大金持ちに会うと、そこにはたいてい党幹部とのつながりが出てくる。

共産党の変遷

年	期間の特徴	組織の特徴	党員の中心勢力
1921年〜	政権奪取	武装革命組織	武装化した農民、労働者、無職者、各地の武装勢力
1949年〜	国家建設	革命国家建設組織	労働者、農民、知識人、軍人
1978年〜	改革開放	経済改革推進組織	知識人、私営企業家や民間・外資・公有制企業の管理職などの経済エリート
2012年〜	習近平時代	強国化推進組織（有事体制）	知識人、幹部、経済エリート、理科系研究者やエンジニアなど先端科学技術の担い手

（注）期間と組織の特徴は慶應義塾大学の加茂具樹教授の助言をもとに作成
　　　党員の中心勢力は大東文化大学の鈴木隆教授のアドバイスをもとに作成

土を食べる人

想像を超える金持ちが多数いる一方で、想像を超える貧困層もまたたくさんいる。北京市の中心街でさえ、「土を食べる人」をよく見かけた。お昼時に食事に出かけると天安門広場につながる大通りの街路樹の下に、茶わんを一つだけ持った中年男性が座り込んでいる。通行人が通りかかるとおもむろに街路樹を植えている土を掘り出して口に放り込む。口の周りも舌も茶色く染まり、通行人に哀れみを請うような視線を投げかけてくる。

同じ大通りには、障害者の子どもを抱える母親がござを敷いて物乞いをしていた。数日後通りかかるとその「母親」は今度は別の障害者の子どもを抱えている。「恵んでもらうためのパフォーマンスにすぎない」という指摘も出てきそうだが、仮にそうだとしても、わずかの施しをもらうために土を口に含んだり、炎天下で障害のある子どもを抱えて座り続けなければならないほど貧しい人々がいる現実は否定できない。

2020年に習近平氏が「脱貧困」の達成を宣言してから表の世界からこうした人々は姿を消した。貧困が解消されたのではなく、中国当局にとって都合の悪い存在になったためだ。彼らの生活は何か別の形で守られているのだろうか。いまとなっては追う術もない。

相続税も固定資産税もゼロ

共産党が既得権益の集団だと言われても仕方がないのは、日本や米国、欧州では当たり前になっている不動産税（固定資産税）や相続税をめぐる規定がいまなおないことにある。社会主義を掲げつつも所得の格差を埋めるための手立てをほとんどとっていない。それは共産党がもはや「勝ち組」になってしまい、格差を是正しようとすれば共産党員の利権を奪うことになってしまうためだ。

改革開放の過程で巨万の富を手にした共産党高官は、北京や上海など大都市に複数の不動産を所有している例が珍しくない。その高官が亡くなればほぼ無税で子どもや孫に引き継がれる。どれだけ不動産を持っていても税金というコストはほとんどかからない。これが日本や米欧と決定的に違う点だ。親の財産を引き継いだ子どもたちは、不動産の家賃収入だけで働かなくても暮らしていける。20代でも高級スポーツカーを乗り回し、海外にも家を持つ中国人が多いのはこのためだ。

ある知り合いは北京で国有企業を勤め上げたあとは毎年冬になると南の雲南省に行き、春になるまでホテルに泊まり込みで連日ゴルフを楽しんでいる。冬でも暖かい海南省に別荘を持つ知人も複数いる。こうした生活スタイルは金持ち党員にとって常識のようになっている。

習近平指導部にも問題意識はある。2021年に盛んに打ち出した政治スローガン「共同富裕（ともに豊かになる）」の具体策の目玉として不動産税の導入が検討課題に上った。一部の都市で先行実施するという触れ込みだったが、経済が減速し始めるとあっという間に立ち消えになった。「習氏一強」とはいえ、党員のほとんどが既得権益層で改革を断行すればたちまち孤立してしまう。

党員の構成割合で「ホワイトカラー層」が増えれば増えるほど改革は難しくなる。彼らこそ祖父や父、親戚あるいは自身が直接または間接的に党員としての経済メリットを享受してきた存在だからだ。共産党は「一党支配」の名をほしいままにしているが、その実、最高指導部が改革を掲げて日本の首相のように解散総選挙で民意を問うわけにもいかない。大きな変革は起こしにくい。それゆえに、不正を働いたお金持ちを捕まえては「勧善懲悪」を庶民にアピールするという宣伝工作（プロパガンダ）が、しばしば行われる。

中国共産党
支配の原理
巨大組織の未来と不安

第4章

つきない地下水脈

共産党と米国

米中は台湾問題を中心に対立が厳しさを増しており、遠くない将来に軍事衝突の可能性がでてきている。米中外交当局の激しい言葉の応酬の裏側で、中国共産党と米国が経済利権で太くつながってきた歴史もまた軽視できない。中国共産党は一貫して米国との関係を重視してきた。いまもこっそりと高官の子弟を米国留学させる例はあとをたたない。本章で触れる清華大学、JPモルガン、米テスラの動向は、米中関係の底流を見極めるリトマス試験紙になる。

習近平氏の母校は元米国留学予備校

習近平氏の出身校である中国の名門、清華大学は米中を結びつける結節点として機能してきた大学だ。習近平氏のほか胡錦濤元総書記や朱鎔基元首相ら共産党の指導者となった人材を数多く輩出している。

もともとは1911年にできた清華学堂がはじまりになる。話は1901年までさかのぼる。当時中国で起きた愛国主義運動の「義和団の乱」がすでに中国に進出していた欧米日の列強に敗れると、清朝が責任をとらされる形で巨額の賠償金を支払うことになる。いわゆる北京議定書の締結だ。

清華大学の原型である清華学堂。米国留学のための予備校だった（2017年12月13日、筆者撮影）

賠償金は4億5000万両（元利あわせて現在の円換算で約50兆円との推計がある）で、これは当時の中国の人口が4億5000万人であったから、すべての中国人が1人当たり1両払えという重い内容だった。各国が清朝から賠償金をふんだくるなかで、まったく違った対応をみせた国があった。米国だ。

ジョン・ヘイ米国務長官は賠償金を減額する代わりにその資金で米国への留学予備校をつくるように提案。清朝が受け入れてでき上がったのが清華学堂だった。いまも清華大学の南門をくぐって進むとよく整備された美しい芝生の庭の傍らに当時の風格を残したままたたずんでいる。北京の観光地の一つだ。

当時の米国は１８６０年代の南北戦争のため、中国大陸への進出が遅れていた。１８９８年に米西戦争の勝利によってフィリピンを獲得し、そこを足場に中国に進出しようとした。だがすでに英国・フランス・ドイツ・ロシアが相次いで租借地を設け、中国分割が進んでいた。ジョン・ヘイ米国務長官は「門戸開放」を口実に、中国に入り込む隙をうかがっていた。このときにひねりだしたのが、中国に米国留学予備校をつくる構想だった。

欧州やロシア、日本に先を越され、米国が利権をあさる余地は乏しい。それなら一流の留学予備校を建てて中国全土から最高の頭脳を集め取り込もう。米国に感化された中国人は必ず米国の国益になる。列強が清朝からカネをむしりとるなかで米国だけが先を見据えていた。

ちなみに１９１７年には、米国の巨大財閥ロックフェラーが資金を出して北京に協和医院を設立した。清華大学と密接な関係があり「清華大学医学部」とも呼ばれる。いまでも共産党の高官や北京のお金持ちは、病気を患うと世界の最先端医療が受けられる協和医院に通う。

病院内には党幹部専用の部屋もある。新型コロナウイルスが猛威を振るっていた時期に党幹部は協和病院を訪れ予防接種や治療を受けていたとの情報がある。米国は学校や病院というソフト面で中国に食い込んだ。その舞台となったのが清華大学だった。

米国留学予備校の性格はいまも変わっていない。清華大学の学部を卒業した学生はかなりの数が米国に留学してしまう。筆者が清華大学の語学研修時代に知り合った男子学生は学部卒業後、米マサチューセッツ工科大学（ＭＩＴ）に留学した。

中国で理系の最高峰の大学として仰ぎ見られる清華大学だが、じつは一般市民が清華大学生に抱く気持ちは複雑という話も聞いた。多くの優秀な若者が清華大学を卒業後に米国に留学し、帰ってこないため、「卖国大学（売国大学）」と批判されることもあるという。中国のために育てても米国でその才能を開花させてしまうため、皮肉と嫌みのニュアンスが込められている。

清華大学にある秘密の学院

話はこれにとどまらない。筆者が清華大学に語学研修で在籍した2017～18年、学内で話題の的になっていたのが清華大学のキャンパスにある「シュワルツマン学院」だった。２０１７年7月に初めての卒業生約１１０人を送り出したところだった。

シュワルツマン学院は米投資会社ブラックストーン・グループの最高経営責任者（ＣＥＯ）、スティーブン・シュワルツマン氏が１００億円以上の私財を投じてつくった大学院だ。知人が奨学生として選ばれ学んでいたので内部を案内してもらった。

シュワルツマン学院は、清華大学の東南門から入って北に歩いて20分ほど進んだ場所にある。清華学堂が南西にあり、対をなす位置にある。落ち着いた灰色のれんが造りで、大学内では珍しく低層の建物だ。「SCHWARZMAN COLLEGE（シュワルツマン学院）」と石に刻まれた入口をくぐると、まず目に入ってくるのは米中の協賛企業を入れたネームプレートでできた壁だった。

シティグループやメリルリンチ、JPモルガンなど米金融機関のプレートが目立つ。ウォルト・ディズニーやボーイングなどもあった。中国側は清華大学が出資している半導体の紫光集団や習近平氏の盟友といわれた王岐山国家副主席に近いとされる海航集団、ネット大手通販の京東などがあった。

日本では唯一、ソフトバンクの孫正義氏の名前があった。ロビーには真ん中に米中の国旗が立てかけられ、周囲に日本や韓国、インドなど合計20カ国以上の国旗が並んでいる壮観な造りだった。

シュワルツマン氏が学院の創設を公表したのは2013年。中国で一緒に学び、中国を理解し、社会に出ても強い絆で結ばれる将来のリーダーを50年間で1万人育てるという構想でできている。

学費や寮、3食の食事代、出身国と北京の間の往復航空券、教材費などはすべて学院が負担するうえ、年4000ドルのお小遣いまでもらえる。中国で修士を取るには2～3年かかるが、ここでは1年間で修士を取得できる。シュワルツマン氏が投じた私財だけで足りるとは思えない。米金融機関ら協賛企業が多額のカネを出しているとみたほうがよいだろう。

この厚待遇に魅せられて世界中からエリートが集う場となっている。学生は4割が米国人、2割が中国人。清華大学の学部を卒業後、シュワルツマン学院に入る学生も少なくない。中国人の学生には党員や党幹部の子弟もいると噂になっていた。残りは欧州やインドなどアジアの学生で、日本人も商社関係者や有名大学を卒業したばかりの若者が若干名在籍していた。

清華大学内にあるシュワルツマン学院（2019年9月11日、筆者撮影）

筆者が訪れた当時は、米海兵隊出身の「学生」も2人いた。米軍内で

「知中派」を育成する狙いがあるのだろう。清華大学の著名教授が教えにくるほか、サマーズ元米財務長官、ルー元財務長官らも授業に訪れていた。

米中軸の金融ネットワーク構築が狙いか

学院は全寮制で、1年間寝食をともにする。ジムやバーなども完備され、不自由なく学院内で過ごすことができる。週末には学院で知り合った仲間とともに街に買い物や遊びに出かけるのが一般的だ。内部のつながりを重視するゆえに、結束力や団結力が自然と育まれるという。

逆に清華大学の学生でも事前にシュワルツマン学院の許可を取らない限り、一切近づけない。見学さえ自由にできない。「どうしてあんなに排他的な学院をわざわざ清華大学につくったのか」「外国のお金で学校を運営するのは問題がある」「内部で何をやっているのか全然わからない。秘密の組織のようだ」。清華大学の学生からはこんな声を聞いた。

シュワルツマン氏の狙いは明確だ。清華大学の前身の清華学堂と同じように、中国の優れた頭脳を吸い取り、自らの金融人脈として育成する。共産党高官の子弟らもシュワルツマン学院を通じて米ウォール街のネットワークにアクセスできるようになる。米国からも官・民・軍の有望若手を集めて「知中派」を育てる。世界中から集まる有望な若者とも「中国」という共通のテーマを介してつながることができる。

興味深いのは習近平氏のお墨つきだという点だ。シュワルツマン学院には習近平氏のサインつきの手紙が額に入れられて飾られている。「各国の学生の相互理解を増進して、世界をみる見識をうち立て、革新のインスピレーションを呼び起こし、人類の平和と発展に貢献する志を確立してほしい」とつづられていた。２０１７年のダボス会議では習近平氏とシュワルツマン氏は対面で会っている。

シュワルツマン学院は新型コロナウイルスが世界的に流行した２０２０年に対面授業ができなくなりオンライン方式に移行したが、２０２３年早々に対面授業に戻している。学生もほとんど途切れることなく受け入れ続けている。米中関係が悪化するなかでもなお健在だ。

米中裏パイプの「経済管理学院」

米中関係を掘り下げていくと必ずぶつかるのが、米中の裏パイプとも呼ばれる清華大学経済管理学院顧問委員会の存在だ。清華大学の中心となる中央主楼に向かって左手にあり、清華大生なら毎日のように見かける建物にある。

顧問委員会は経済管理学院の運営方針を決める位置づけで、米中政財界のそうそうたる顔ぶれが名前を連ねている。

2019年から実質トップの主席を務めているのは、米アップルCEOのティム・クック氏だ。ヘンリー・ポールソン元財務長官やゴールドマン・サックス証券、JPモルガン、シティグループの幹部など米ウォール街の著名人が続く。フェイスブック（現メタ・プラットフォームズ）を創業したマーク・ザッカーバーグ氏の名前もあり、先述のシュワルツマン学院よりも多彩だ。

中国側も王岐山国家副主席や中国人民銀行の易綱総裁らが名前を連ねていた（2022年12月の名簿から削除。理由は後述）。半導体技術のカギを握る台湾の鴻海《ホンハイ》精密工業の創業者、郭台銘（テリー・ゴウ）氏の名前もある。

習近平氏は2012年に共産党総書記に就任後、清華大学経済管理学院顧問委員会のメンバーを丁重に扱ってきた。清華大学の当時の発表によると、米大手投資ファンドのカーライル・グループの幹部らが参加した。

習近平氏と清華大学のつながりが注目されたのは、2017年11月上旬のトランプ米大統領の訪中だ。習近平氏はトランプ氏の訪中直前の同年10月末に北京の人民大会堂に顧問委員会のメンバーを招待して会談した。米中の経済界の重鎮らを前に習氏は、米中経済の「互恵関係」の重要性を訴えた。

米貿易赤字の是正を強く求めてきたトランプ氏との正面衝突が懸念されたが、ふたを開けてみれば米中企業が交わした契約は総額約2500億ドルに上った。このため、同顧問委が米中衝突の緩衝剤の役割を果たしたとの見方が広がった。

米国通を締めつける習近平氏

この米中裏パイプが2020年頃から機能しなくなっている。習近平氏が顧問委員会に名前を連ねている米国通の中国人を次々と締めつけている。

象徴的なのが中国ネット通販最大手、アリババ集団の創業者である馬雲（ジャック・マー）氏だ。2020年11月、アリババ集団傘下の金融会社、アント・グループは香港、上海で計画していた新規株式公開（IPO）の延期に追い込まれた。経営権を実質的に握るジャック・マー氏も金融当局の聴取を受けた。ジャック・マー氏はトランプ氏と大統領就任の直前に会談してみせて、世界を驚かせたこともある。アントの上場延期を境に中国メディアへの露出も大きく減った。

中国の金融業界への影響力を通じて米国とパイプがあったといわれる王岐山国家副主席にも逆風が吹き荒れた。王岐山氏の元秘書や友人が次々と捕まった。共産党では大物幹部を追い詰める前に内実を知る元秘書を捕まえるのは常套手段だ。王岐山氏は2023年3月に国家副主席を退き完全引退した。長らく顧問委員会のメンバーだったが、22年12月の最新の名簿には載っていない。

2021年4月には、国務院（政府）直属で政策金融を担う中国国家開発銀行のトップだった陳元氏の側近が汚職で摘発された。陳氏も顧問委のメンバーで、米紙などによると2014年にニューヨーク証券取引所に上場したアリババ集団の株主だった。ジャック・マー氏の後ろ盾との見方も出ていた。

極めつきは、2022年10月の共産党大会で中国銀行保険監督管理委員会のトップ、郭樹清氏と中国人民銀行総裁の易綱氏が共産党幹部を示す「中央委員」と「中央委員候補」の立場をそれぞれ追われたことだ。両氏も顧問委員会から外れた。米国留学経験もある易綱氏は、米金融界でも広く知られる人材だった。まるで顧問委員会に名前を連ねる中国側の人材が狙い撃ちに遭うかのような事態が続いた。

朱鎔基氏との関係悪化が影響か

ここで大事なのは、習近平氏は顧問委員会に名を連ねる米国側のメンバーには一切手出しをしていない点だ。米国系企業への処分や監督強化など嫌がらせを含めてやれることはたくさんあるはずだが、手を出していないのは中国内部の事情があるとみたほうがよい。

注目したいのは、この顧問委員会をつくったのは江沢民時代に首相だった朱鎔基氏だという点だ。朱鎔基氏は国有企業の改革のために大なたをふるい、世界貿易機関（WTO）加盟への道筋をつけた。西側の経済界の評価は高い。2000年10月に顧問委員会を立ち上げ、最初の会合で朱鎔基氏は「清華大学経済管理学院は教員のレベルを高めながら国際協力を一層強化しなくてはならない」と檄を飛ばした。いまも顧問委員会の名誉顧問を務めている。

国有企業の拡大を重視し国内市場の発展を目指す習近平氏と、対外開放を唱えた朱鎔基氏とは次第に考え方の開きが目立つようになった。2018年には朱鎔基氏が中南海に乗り込み習近平氏の経済方針に正面から異議を唱えたという噂も流れた。習近平氏には顧問委員会の中国側メンバーが米国と通じた「朱鎔基派」にみえるようになったのではないか。

習近平氏と朱鎔基氏の対立で経済管理学院顧問委員会にはしばらく逆風が続くかもしれ

清華大学経済管理学院顧問委員会の主なメンバー
(2022年12月１日時点)

名誉主席　朱鎔基

名誉委員　ヘンリー・ポールソン元米財務長官
　　　　　米アップルのティム・クック最高経営責任者（CEO）

委員　米自動車大手ゼネラル・モーターズ（GM）のメアリー・バーラ最高経営責任者（CEO）
ハーバード・ビジネス・スクール院長
米デル・テクノロジーズのマイケル・デル最高経営責任者（CEO）
米銀大手JPモルガン・チェースのジェイミー・ダイモン最高経営責任者（CEO）
米ブラックロックのラリー・フィンク最高経営責任者（CEO）
米銀大手シティグループのジェーン・フレーザー最高経営責任者（CEO）
台湾の鴻海精密工業の創業者、郭台銘（テリー・ゴウ）
独メルセデス・ベンツグループ首脳
米大手投資会社KKRの創業者ヘンリー・クラビス氏
米飲料大手ペプシコ幹部
スタンフォード大学ビジネススクール院長
中国インターネット検索最大手の百度（バイドゥ）の李彦宏（ロビン・リー）董事長兼最高経営責任者（CEO）
中国ネット通販大手アリババ集団の創業者である馬雲（ジャック・マー）氏
テンセント最高経営責任者（CEO）である馬化騰（ポニー・マー）氏
米小売り最大手ウォルマートのダグ・マクミロン最高経営責任者（CEO）
テスラのイーロン・マスク最高経営責任者（CEO）
米飲料大手コカ・コーラのジェームズ・クインシー最高経営責任者（CEO）
米投資会社大手カーライル・グループの共同創業者、デビッド・ルーベンスタイン氏
米金融大手ゴールドマン・サックスのデービッド・ソロモン最高経営責任者（CEO）
ソフトバンクグループ（SBG）の孫正義会長兼社長
英エネルギー大手シェルのベン・ファン・ブールデン最高経営責任者（CEO）
米メタのマーク・ザッカーバーグ最高経営責任者（CEO）

（注）名簿順に沿って記載、肩書は当時

ない。だが多くの共産党員は本音では米国が好きでたまらないし、強いあこがれを抱き続けている。歴史的にも米国から多くの恩恵を受けており、潜在的に米国との関係改善を求める願望が強い。米国と複数のチャネルをもつ清華大学が水面下でその役割を果たす流れは、これからも変わらないだろう。

もう一つの100周年

「中国をいじめ、圧迫する外部勢力を許さない。14億人の中国人民の血と肉で築いた鋼鉄の長城にぶつかり、血を流す」「先生ヅラした説教は決して受け入れない」。2021年7月1日、北京市の天安門に上った習近平氏は動員した党員らを前にこう弁舌を振るった。対立を深める米国を念頭に置いていたのは明白だった。1921年7月の共産党結党から数えて100年目、結党の祝賀行事でのできごとだった。

じつは1921年、中国でもう一つの組織が産声をあげた事実はあまり知られていない。米国最大の金融機関であるJPモルガン・チェースの前身が初めて中国に進出して拠点を構えたのだった。

「中国とともに成長する。中国に投資する。中国での最初の100年を祝うと同時に、2

世紀目に入り、皆様とともに歩んでいけることを大変嬉しく思います」。JPモルガンは2021年に100周年を記念する冊子を作成し、特設したサイトにこうお祝いのメッセージを示した。

JPモルガンの特設サイトによると、中国での歴史は1921年1月4日に上海に支店を開いたことで始まる。銀行の入口を背にネクタイを着けた白人と現地採用の中国人スタッフが横一列に並んでいる白黒写真が印象的だ。その後、欧米列強の租界地域になっていた天津や、香港にも拠点を構えた。

「私たちの天津、上海、香港のオフィスは中国と米国の貿易の重要なむすびつきを示している」。第2次世界大戦終結後の1946年、JPモルガン（当時はチェース・ナショナル・バンク）は中国の雑誌向けに1面広告を出している。地球儀に大きく描かれているのは中国大陸で、拠点を構える上海、天津、香港に大きなしるしをつけて同行の中国ネットワークをアピールしている。中国語で当時は「大通銀行」と名のっていた。

JPモルガンは第2次世界大戦の混乱期にもかかわらず、将来を見据えて中国に投資を続けてきたとアピールしている。当時はまだ共産党と国民党が天下分け目の内戦で争っている時期で、ソ連が共産党を支援し、米国は蔣介石が率いる国民党を援助していた。いまも中国に深く根を張っているところをみると、共産党ともパイプを維持していたのかもしれない。

ロックフェラーと周恩来が会談

1973年にはJPモルガン・チェースの前身のチェース・マンハッタン・バンクの頭取を務めたディヴィッド・ロックフェラーが訪中し、周恩来総理と会談している。ニクソン大統領の電撃訪中から2年後、米ウォール街の巨頭と中国行政の実務を取り仕切る周恩来の接触だった。背広の左胸ポケットに白いハンカチを入れ、少しはにかんだように笑うディヴィッド・ロックフェラーとポーカーフェイスの周恩来の表情が対照的だ。2時間以上、米国経済と中国経済の発展について語り合った。

先述した通り、ロックフェラー財閥は1917年に北京市に協和医院を設立した。いまも共産党幹部が通う名門の先進医療病院だ。ロックフェラー家3代目当主となったディヴィッド・ロックフェラーは銀行頭取として北京に入り込んでいる。中国はこのあと鄧小平の指導のもと、改革開放路線を進める。JPモルガンは1994年に首都北京と上海に代表事務所を設けている。

JPモルガンと共産党の蜜月ぶりに再び注目が集まったのが2013年だ。米紙「ニュ

デイヴィッド・ロックフェラーが訪中し周恩来首相と会談(1973年)(提供:AP/アフロ)

ーヨーク・タイムズ」は11月14日、JPモルガン・チェースが温家宝前首相の在任中、前首相の娘が経営するコンサルタント会社と契約を結び、計180万ドルを支払っていたと伝えた。

米当局は、JPモルガンが中国での事業を獲得する目的で中国政府高官の子弟を採用していた疑惑を幅広く調べており、その対象の一部になっていると指摘している。同紙によると、前首相の娘、温如春氏が経営するコンサルティング会社は、社員が2人。2006年から2008年までJPモルガンと契約を締結し、計180万ドルが支払われたと指摘している。

中国現職首相の娘がJPモルガン・チェースと巨額の取引をしていたとの指摘は、内外に大きな衝撃を与えた。その後の報道はぱったりととだえてしまった。

ＪＰモルガンが共産党に謝罪

共産党結党とＪＰモルガン・チェースの中国進出から１００年を数えた２０２１年。ＪＰモルガン・チェースのジェイミー・ダイモン最高経営責任者（ＣＥＯ）が謝罪する騒動が起きた。11月24日に、中国共産党の存続に言及した自身の発言について「後悔している」との声明を発表した。米金融界の超大物の謝罪騒動の裏で何が起きたのか。

問題の発言は、11月23日に米東部ボストンの講演会で飛び出した。米メディアによると、ダイモン氏は冗談と断ったうえで、「中国共産党は創設１００周年を祝っているが、ＪＰモルガンも同じ。私たちのほうが長く存続するほうに賭けたい」と述べた。共産党は１９２１年創立で、ＪＰモルガンも同じ時期に中国に進出したのは先述の通りだ。

米議会は人権や安全保障問題で中国共産党に厳しい姿勢をとっている。一方、中国側は共産党統治に対する批判に極めて敏感だ。ＪＰモルガンをはじめウォール街の大手金融機関は米議会の厳しい目にさらされながらも、中国当局と友好関係を築き、中国本土で事業を拡大しようとしている。

ダイモン氏は2021年11月にJPモルガンの香港拠点を訪問した。新型コロナウイルスの感染拡大が始まって以降、米銀トップが香港を訪れたのは初めてとみられる。香港は外国からの訪問者に対して厳しい隔離ルールを課しているが、短期滞在だったダイモン氏は適用除外を認めた。

SNS（交流サイト）上では、ダイモン氏の発言が話題になった。中国共産党系メディアの「環球時報」の胡錫進編集長はツイッター上で、ダイモン氏の発言を伝える英紙「フィナンシャル・タイムズ」（FT）の記事を紹介し、「私は中国共産党が米国より長く存続するほうに賭ける」とコメントした。

JPモルガンは火消しに回った。ダイモン氏は24日の声明で「あのコメントは後悔しているし、すべきではなかった。私は当社の強さと長寿を強調したかった」と釈明した。同社の広報担当者は、ダイモン氏が中国との建設的な経済対話を強く支持していると説明し、JPモルガンは中国事業にコミットし続けると強調した。

ダイモン氏も反響の広がりを深刻に受け止めているようだ。追加のコメントも公表し、「国やその指導者、社会や文化の一部など、あらゆる集団を冗談で揶揄したり、中傷したりするのは決して正しいことではない」と述べた。さらに「このような発言は、いままで以上に必要とされている、社会における建設的で思慮深い対話を妨げる」と表明した。一度声明を出して謝罪をしたにもかかわらず、共産党に追加の謝罪を迫られた格好だ。

世界最大の銀行を率いるダイモン氏は「ウォール街のご意見番」として知られる。金融危機を乗り切った大物経営者として尊敬を集める一方、率直な物言いはしばしば物議を醸してきた。

優遇措置続々と

ダイモン氏が共産党に謝罪したのは100年にわたる共産党とのパイプに傷をつけたかもしれないとの焦りがあるとみてよいだろう。しかも同行は直前の2021年8月6日に中国当局から証券事業の完全子会社化を認められている。これは外資系金融機関として初めてのケースだった。

JPモルガンは2019年に証券事業の合弁会社を設立し、2020年3月から営業を始めていた。中国証券監督管理委員会（証監会）が100％子会社化の承認を下した。米中はトランプ政権時代の貿易協議で金融の外資規制緩和で合意していた。共産党は最も親密なJPモルガンに先行して証券事業の完全子会社化を認め、米国との緊張緩和のメッセージを送った。

「冗談」の対象にされてしまった中国側の反応はどうだったか。中国外務省の趙立堅副報道局長は2021年11月25日の記者会見で「報道に着目し、関係者が真摯な反省を表明していることに気がつきました。これは一つの正しい態度だと思って、関係する報道機関がこれ以上問題を騒ぎ立てないように望みます」とコメントした。居丈高な物言いで知られる中国外務省の報道官とは思えぬ穏当なコメントだった。

共産党100周年の祝賀行事で米国との対決も辞さない構えをみせた習近平氏だが、その一方で、歴史的なつながりをもつ米国最大の金融機関の見過ごせぬ冗談には大人の対応をみせた。

米民主党との関係意識か

ダイモン氏は2020年の米大統領選への出馬を模索していたことがある。ダイモン氏は2018年9月に「トランプ大統領を打ち負かすことができる」と発言し、直後に撤回した。トランプ氏はツイッターで「ダイモン氏は（大統領選出馬に必要な）適性や知性がない」などと反撃し、両氏の応酬は注目を集めていた。

ダイモン氏は富裕層への増税を支持するなど格差是正の重要性を主張していたが、大統領候補の指名を勝ち取るのは難しいと判断して出馬を断念した。今後も金融界の大御所として政界に影響力を及ぼしうる人物とみられている。中国共産党もダイモン氏が民主党中枢につながるパイプとみて大目にみた可能性がある。

JPモルガンは中国での事業を拡大する方針を示している。今後も政治や安全保障で米中当局が激しい言葉でののしり合ったり、軍事的圧力が高まったりする局面は増えそうだが、金融の地下水脈は脈々と続きそうだ。JPモルガンの去就は米中関係の深層を見極める基点になりうる。習近平指導部がJPモルガンを標的に処罰したり締め出したりする動きがあれば、米中関係は真に危機に瀕しているとみてよいだろう。

米テスラが払った「入場料」

中国共産党と最も親密な関係を築いている外国企業のトップの一人として、米テスラのイーロン・マスク氏の名前を挙げることに異を唱える人は少ないだろう。2023年現在、北京市内で配車アプリを使ってタクシーを呼ぶと、けっこうな確率でテスラの電気自動車(EV)が迎えにやってくる。

「これはテスラの最新モデルですか」「いや、これは国産車だよ」。車内で運転手とこんな会話になることも珍しくない。テスラが上海に構えた世界最大の工場で生産されたＥＶはもはや中国人にとって外国車ではなく、国産として認識されている。車体もコンパクトになり、北京の狭い路地裏にも入っていけそうだ。テスラ車は確実に庶民の足となりつつある。

だが中国共産党とテスラが蜜月関係に至るまでには紆余曲折があった。２０１３年8月、中国進出を目前に控えていたテスラに衝撃が走った。中国本土で「Ｔｅｓｌａ」の商標がすでに登録されていることが判明したためだ。

中国本土の「占宝生」と名のる人物が「Ｔｅｓｌａ」を商標登録しており、その使用範囲は天空、海洋、陸地の交通手段および自動車から部品までの各方面に及ぶと主張した。テスラは中国本土に「Ｔｅｓｌａ」の商標登録の申請が無効にされ、中国進出を阻まれた形になった。テスラは２００万元（約４０００万円）を支払って占宝生氏から商標権を取得しようとしたが、占宝生氏は2億元（約40億円）を求めた。

中国国営の新華社は２０１３年8月12日に「Ｔｅｓｌａの中国進出は問題山積だ」と論評した。外資系企業のもめごとが中国であった場合、外資系企業と中国当局のどちらの主張が正しいかは問題ではない。新華社が伝えたということが何より重要だ。それはつまり、共産党がテスラの中国進出に難色を示していることを意味していたといっていい。

挫折したかにみえたテスラの中国進出計画だったが、マスク氏はあきらめなかった。中国語表記の社名「特斯拉（テスラ）」もすでに商標登録されていたため、社名変更を決断し「拓速楽（テスラ）」に変更した。北京市に敷地面積が800平方メートルに及ぶ世界最大級の旗艦店を設ける方針も発表した。香港市場から攻めていたテスラは、首都・北京に軸足を置く姿勢を鮮明にした。

すると2014年に風向きが変わった。テスラが突然、商標権訴訟に勝訴し「特斯拉（テスラ）」の商標を使用して中国での販売ができるようになった。中国では立法・行政・司法のすべてを共産党が指導する。テスラと党側で何らかの手打ちがなされたとみるのが自然だ。共産党の了解がなければ外資系企業の勝訴などありえない。

2013年12月にテスラは、アップルの中国事業部にいたベロニカ・ウー氏を中国部門の責任者に招き入れている。アップルは清華大学経済管理学院顧問委員会の運営にも関わっており、テスラはアップルの中国人脈を通じて米中間のパイプに入り込めたのかもしれない。

テスラの中国事業の本格始動は2015年だ。習近平国家主席が登壇した2015年3月のイベントでイーロン・マスク氏が中国工場建設に意欲を示してから動き出した。

米中貿易戦争が追い風に

2018年4月に大きなブレークスルーがあった。中国政府がこれまで50％としていた外資の出資規制を撤廃する方針を打ち出した。トランプ米政権時代に勃発した米中貿易戦争を受けてテスラが外資の出資規制の撤廃を要望し、中国側が受け入れた形となった。

これに先立つ2018年3月、イーロン・マスク氏はトランプ米大統領に対しツイッターで直接、中国での事業環境の改善を陳情した。中国での現地生産計画が難航していたテスラはトランプ政権の動きに同調し、外交的支援を得ることで局面を打開しようとした。

トランプ大統領は鉄鋼とアルミニウムに輸入制限を発動。「中国の貿易不均衡是正策に期待している」とツイートし、これにマスク氏は直接ツイートを返した。

「輸入制限には基本的には反対」と前置きしたうえで、米国製自動車の中国の輸入関税の引き下げと、米国企業が単独で中国で自動車工場を運営できない状況を是正するよう求めた。

テスラは2017年中に中国での現地生産計画をまとめるとして、上海市などと交渉していたが実現しなかった。中国政府は外資系メーカーには単独の生産を認めず、現地企業との合弁設立を義務づけてきた。トランプ大統領への直訴を経て、テスラの要望が実現することになった。

テスラが中国に開発・生産拠点を建設する計画が動き出した。2018年7月10日に上海市と覚書を交わした。テスラが米国外に工場を設けるのは初めてで、かねて求めた単独出資の実現だった。中国では現地メーカーがEVに力を入れ、日欧米勢も次々に現地生産に乗り出した。世界の技術を集めてEV大国に脱皮しようとする習近平指導部の思惑通りの展開でもある。

テスラはいま、上海に自社工場を構えつつ、北京に対中国政府戦略の司令塔となる重要部署を置いている。中南海の入口の新華門から東へ8キロほど、建国路をまっすぐ進むと北京ビジネスの中心エリア、国貿にたどり着く。世界中のブランド店がひしめく北京SKPと呼ばれる商業施設の横の大型ビル8階に対中政策の司令塔がある。

1階には北京の旗艦店があり、テスラの最新モデルを陳列している。2023年1月に訪ねると、若い中国人カップルが展示されたテスラ車に乗り込み、液晶モニターを眺めながら談笑していた。「試乗してみませんか。いまならすぐに走れますよ」。若い男性スタッフがすかさず声をかけてくる。

北京の夜景を見ながらドライブを楽しんでいると、ドライバーの男性スタッフが「これを見てください」と自慢げにハンドルの横についたボタンを指さした。テスラのオートパイロット機能（半自動運転技術）のボタンだった。

中国では米国と並んで自動運転が急速に普及しており、テスラのオートパイロット機能はその先頭を走っている。ボタンをオンにするだけで、道路のカーブに合わせて自動的にハンドルを切り、交通の流れに沿って走ってくれる。ブレーキを軽く踏むと通常モードに切り替わる。

お世辞にも運転マナーがよいとはいえない中国らしく、途中、何度もほかの車に割り込まれたが、自然とスピードを落としてくれるなめらかな走行に驚かされた。

この男性スタッフは江蘇省出身で中国の自動車部品メーカーに就職していたが、テスラ車の先進的なデザインにあこがれて2年前に転職したという。まだ20代後半だ。テスラは福利厚生が手厚く、生まれて間もない子どもが重病に冒され、6万元（約120万円）の治療費が必要になったが、テスラがすべて出してくれたと誇らしげに語った。

毎年の営業成績の査定は厳しく、下位20～30％に入ってしまうとリストラされるリスクが高まるという。物腰柔らかでテスラの未来を信じ切っているこの若者は、社内でも評価されているのだろう。

ただこの若手スタッフも8階にある司令塔にはめったに立ち入れないらしく、これまで数回入ったことがある程度という。「中国ではお金持ちも若い人もみんなカッコいいテスラをほしがります。国産のEVよりも安くて高性能なんです」。若者の屈託のない話しぶりにテスラの中国への浸透ぶりを改めて認識させられた。

習近平氏腹心に食いこむ

テスラ誘致に関わった共産党幹部の一人が、2023年3月に中国の首相となった上海市トップの李強・共産党委員会書記だった。

「上海進出でテスラの中国事業は一層拡大するだろう」。李強氏は2018年7月10日、笑みを浮かべながら、上海市でイーロン・マスクCEOを迎えた。現地テレビ局は2人がテスラのEVに乗り込み、マスク氏が説明する様子も流し、友好ムードを演出した。

覚書では、上海市浦東新区の沿岸部にEVの開発と製造拠点となる工場を建設する内容を盛り込んだ。数年かけて徐々に生産能力を引き上げ、年間50万台と巨大な生産能力を目指す方針を示した。米国では巨大電池工場と車両組み立て工場を別の拠点に設けているが、上海市の新工場では電池と車両を一貫生産するのが特徴だ。拠点を1カ所に集めて物流などの効率を高める。

テスラが世界で販売するEVのうち2割前後が中国市場向けとされる。以前は米国にしか組み立て工場を持たず、中国で販売する車両を米国から輸出していた。新工場の稼働で、中国向けの専用車の生産が可能になった。地場のＥＶメーカーにも負けないコスト競争力を持つことになる。

7月12日には、王岐山国家副主席がマスク氏を中南海に招いて会談している。会ったのは中南海のなかでも歴史ある建物の紫光閣で、マスク氏らが乗ってきた2台の紅いテスラ車の駐車が許された。マスク氏があえて共産党のシンボルカラーである「紅」を意識したのは間違いない。一行は紫光閣と紅いテスラを背景に記念撮影までしている。当時、中国側で対テスラ政策を指揮していたのは、王岐山氏や李克強首相だった。

テスラの上海立地の背後には習近平指導部の野望が見え隠れする。できる限り中国にＥＶの開発拠点や工場を集めて技術を吸収し、自国メーカーと競わせたい中国当局にとって、世界中で出荷実績があるテスラは魅力的だ。

ガソリン車では日米欧の技術にかなわなかったが、部品点数が減るＥＶは横一線で開発をスタートでき、いずれ自動車産業の覇権を握れるともくろむ。すでにトヨタ自動車やホンダは現地合弁でＥＶを生産する計画を決め、独ＢＭＷや米ゼネラル・モーターズ（ＧＭ）などの欧米勢もこうした流れは変わらない。

テスラが望む単独出資に応えることで、米国が求める市場開放をアピールし、貿易摩擦を少しでも和らげたい意向も透ける。共産党はいまもテスラに米中関係の触媒の役割を期待している。

中国には世界最大の市場を背景とした「自動車大国」から脱皮し、輸出も含めた「自動車強国」を目指す国家戦略がある。テスラにその先兵役を期待し、サプライヤーの技術を高めて自国の自動車メーカーをも育成したい意向がうかがえる。

マスク氏に「永住権」

マスク氏が上海市トップの李強氏に目をつけていたのはさすがといわざるをえない。李強氏は習近平氏の腹心の一人で、中国の首相になって世界の注目を集めることになったが、もとより共産党の有望株だった。

2019年4月のこと。一帯一路をめぐる国際会議に安倍政権を代表してやってきた二階俊博幹事長は、北京に到着するとそのまま習近平氏との会談に向かった。二階氏は古くからの中国通で、共産党も最も重視する日本の政界の重鎮だ。習近平氏との会談を終え、宿泊先のホテルに戻るとみられた二階氏が向かったのは北京市の首都空港。その足で上海市に飛んだのだ。二階氏を乗せた飛行機が北京を発ったときには深夜23時を回っていた。

二階氏は訪中前に共産党関係者から李強氏が共産党の将来のキーマンになると助言を受けて、昼夜を分かたず向かったのだという。李強氏も上海市内に交通規制をかけて専用道路を設け、二階氏を首脳級としてもてなした。

それほど重要な李強氏にマスク氏は二階氏より約1年早く接触し、一緒に自ら開発したEVに試乗するパフォーマンスまでやってのけている。

2019年に入るとマスク氏は、さらに共産党の歓迎を受けた。2019年1月9日、今度は中国の李克強首相が、上海工場の起工式に出席するために訪中していたマスク氏と会談した。場所は習近平氏ら最高指導部が執務室を構える中南海で、外国の要人を迎える紫光閣だった。李克強首相は「テスラが中国の改革開放の深化に参加し、中米関係の安定と発展の推進者になるよう希望する」と同社への期待を表明した。

テスラはこの直前に、車載電池とEVを一貫生産する上海工場の着工を明らかにしていた。李首相は「中国が新エネルギー車の分野における外資の出資制限を(2018年に)緩和してから初の事業だ」と評価した。

マスク氏が「私は中国を愛している。もっとたくさんここに来たい」と述べると、李首相は「中国のグリーンカード(永住権)を出してもいいですよ」と返した。マスク氏は「中国の発展のスピードと事務の効率には深い印象を受ける。これほど短い期間で自動車工場を設立する手続きがすべて完了するとは思いもよらなかった」とも語った。

大統領候補に貸しづくり

共産党が幹部総出でマスク氏を厚遇するのは中国のハイテク産業の育成に向けた布石としての意味があるが、それ以上にマスク氏に米中関係の切れない紐帯《ちゅうたい》役を期待しているためだ。マスク氏の発信力は大きく、先述したようにツイッターでトランプ大統領に「直訴」し動かしたこともある。米国では将来の米大統領候補との声さえ上がっている。

テスラは中国市場に進出するにあたって多くの専門技術を中国のEVメーカーに開放したと言われる。共産党のお墨つきを得て中国国内で「独走状態」だが、裏を返せばマスク氏が生み育てたテスラの命運は、共産党に半ば握られているとみることもできる。

真の米中関係をどう読み解くか

米中関係で最大のトゲとなっているのは台湾問題だ。習近平体制下で5年間、北京で暮らしていた身からすると、習近平氏の台湾統一にかける意志は本物だ。

経済成長率を上回るペースで加速する軍拡、米欧日の経済制裁を想定したロシアとの関係強化や、中東エネルギー外交の強化、国内の食糧やエネルギー備蓄に代表される準戦時体制の構築など習近平氏がやっていることをみると、すべてのベクトルが台湾統一に向かっている。

共産党を分析する際に大事なのは、要人が何を発言したかよりも、なにをしているかだ。共産党の発信する情報はほとんどがプロパガンダ（宣伝工作）であるため、実際にやっていることを冷静に見極めていく必要がある。

カネの面では米中関係のつながりは薄まるどころか深まっている。米国の中国とのモノの貿易額は2022年に4年ぶりに過去最高を更新した。米商務省が発表した貿易統計によると、2022年の輸出入の合計額は6905億ドルで、最も多かった2018年を上回った。米国は玩具などの日用品、中国は大豆などの食品関連で輸入が増えており、相互依存度はなお高い。

米中両政府が2018年夏から2019年に繰り広げた制裁関税の応酬や、新型コロナウイルス危機に伴うサプライチェーン（供給網）の混乱で、米中貿易は2019〜20年に落ち込んだ。2022年はバイデン米政権が10月に先端半導体の事実上の輸出禁止措置を導入するなどハイテク分野の取引規制を強化したが、むしろ消費財の貿易は増えている。

米国の2022年の中国からの輸入額は5367億ドルで、過去最高の2018年とほぼ同水準だった。輸入額に占める比率が高まったのは、玩具やプラスチック製品などの汎用品だ。

米国からの2022年の対中輸出は1538億ドルと過去最高を更新した。最も変化が大きかったのは大豆やトウモロコシなどを含む穀物類で、2022年1～11月の輸出額に占める比率は11%と2018年の同時期（3%）から大幅に上昇した。中国の消費量が多い大豆の生産は米国と中南米が8割を占め、食用だけでなく養豚など飼料用の需要も拡大している。

米中は政治的緊張を抱えながらも、米中双方の巨大市場でビジネスチャンスを逃すまいと動く。米中ビジネス評議会のクレイグ・アレン会長は「安全保障に関係のない95%の貿易産業は関係が継続している」と明かす。

貿易統計に表れない企業活動もある。中国企業は米国への輸出継続に向け、生産拠点としてメキシコに注目する。中国の家電大手ハイセンスは、メキシコの新工場で米国向け冷蔵庫を生産する。米ピーターソン国際経済研究所のフレッド・バーグステン氏は「米国が中国を封じ込めようとしても失敗する。機能的なデカップリング（分断）戦略を模索しながらも、世界経済は米中が引っ張っていくべきだ」と指摘する。

米中関係に詳しいある共産党関係者は「資本主義の本質は利益だ。利益をとことん追求する米国は、中国の巨大市場から決して逃れることはできない。完全なデカップリングなど絶対に起きえない」と主張する。

ちなみに共産党の本質は何かと問うたら、この共産党関係者は「それは人民の安全と安定だ」と即座に答えた。人民を共産党に置き換えればわかりやすい。つまり共産党政権の安全性と安定性こそが何より大事というわけだ。

奥深い中国市場に誘い込み、次第にからめとるのは、共産党特有の戦術だ。たしかに台湾問題をめぐり米中の一時的な軍事紛争は起きうるかもしれない。それでも長い目でみればすべての矛盾を内包しつつ米中の地下水脈はつきることがなさそうだ。

第5章 食と農

共産党のアキレス腱

日本の政権が安定するには株、為替、不動産の価格を安定させることが重要と言われる。いずれか一つでも価格が急落すれば、社会の不安が増幅し、政権の打撃になりうる。では中国共産党が政権党を維持し続けるために最も重視している要素はなんだろうか。それは14億人を飢え死にさせることなく食べさせ続けることだ。そもそも共産党は農村で力をつけた党だった。いまも習近平氏の支持は都市部よりも農村で高く、最大の支持基盤となっている。だが中国の農村は農業生産力の限界に突き当たり、高齢化も重なり疲弊の度を増している。共産党にとって弱点に転化しかねない危うさをはらんでいる。

共産党は「農民の党」

中国建国前、共産党は国民党と雌雄を決し天下取りに成功するが、その決め手となったのが農村の支持だった。清朝末期の農村は大規模な反乱や戦乱にくり返し襲われ、極めて不安定な状況だった。人々は日々を生き抜くのに必死だった。

孫文はかつて中国の民衆を「バラバラの砂（一盤散沙）」と表現したことがある。清朝の統治が崩壊した中国では本来絆が頼りになるはずの農村でさえ、バラバラで、社会基盤の破綻が著しかった。

破綻が進む農村部に入りこんで支持を固めていったのが共産党だった。ソ連のコミンテルンから学びとった共産党規約をもとに上部と下部の組織が連絡を取り合い、機動的に動く共産党はあっという間にあちこちの農村部を掌握していった。

共産党に敗れた国民党のトップ、蔣介石は後年、大軍を擁していたにもかかわらず共産党に敗れた原因について、国民党の組織力が弱く、軍や民衆を動かせなかったためだとの分析を残している。共産党は農村で自前の組織力を発揮し、農民を動員したゲリラ戦で国民党を攪乱し、体力を徐々に奪っていった。

共産党が農村部に浸透していった切り札が、「三大紀律 八項注意」と呼ばれる規則だ。毛沢東が農村での支持を固めるために1928年に制定した。党員だけでなく、文字が満足に読めない農民にも伝わるようにわかりやすくまとめている。

三大紀律は①行動は指揮に従う、②労働者、農民のものは何一つ取らない、③土豪（現地の有力者）から取上げたものは公のものとする。

八項注意は①寝るために借りた戸板は元通りはめておく、②寝るために借りたわらは元通りくくっておく、③言葉づかいは穏やかに、④売り買いは公正に、⑤借りたものは返す、⑥こわしたものは弁償する、⑦入浴は婦人の目に触れないところでする、⑧捕虜の私物に手をつけない――となっている。

この「三大紀律　八項注意」は軍歌として作曲され、広く歌われた。軍の規律を維持すると同時に、農民らを懐柔する心理的効果も相当なものだっただろう。

土地革命という宣伝工作（プロパガンダ）

もう一つ触れておかなくてはならないのは、共産党が押さえた農村で地主の土地を没収して貧しい農民に分け与える、いわゆる「土地革命」だ。共産党のストーリーでは土地革命によって農民があちこちで立ち上がり、党・軍に加わった結果、国民党を追い払い中国建国につながったという流れになる。

もっとも当時は国民党のほうが圧倒的に優勢で、共産党が押さえた土地も包囲討伐されることもたびたびだった。共産党の指示に従って土地革命を進めたはいいが、あっという間に国民党の支配に切り替わってはどんな仕返しを受けるかもわからない。

京都大学教授の石川禎浩氏が著書『中国共産党、その百年』で指摘されているように「ことはそんなに簡単ではない」だろう。一方で地主に奴隷のようにこき使われ、社会の崩壊で日々身の危険を感じながら生きている農民に対して「土地革命」と「三大紀律　八項注意」の歌の響きによる宣伝工作（プロパガンダ）の効果は大きかったとみられる。

党員の3〜4人に1人が農民

じつは共産党はいまでも農民の割合が高い。党中央組織部の統計によると、2021年12月末時点で、共産党員は9671万人いるが、そのうち、農民を主体とする「農牧漁民」は2592万人いる。党員の3〜4人に1人が農民となる計算だ。農牧漁民はホワイトカラー職の合算数には抜かれてしまっているが、10年前（2483万人）よりも100万人以上増えている。

世界第2位の経済大国として米国の背中を追う中国だが、都市部と地方の格差は著しい。首都・北京でも車で小一時間も走ればあっという間に郊外の農村にたどり着く。都市部のように人口が密集した地域なら監視カメラによる管理・監督も比較的容易だが、広大な中国に点在する農村が離反してしまうと、党が統治の維持に必要なコストは一気に跳ね上がる。

中国南部の雲南省麗江市の農家が営む宿に泊まったことがある。代々地元の有力者を輩出しており、立派な居間には縦横1メートルはある毛沢東の肖像画が飾られていた。宿を切り盛りする70代の女性がつくる手製の地元料理は日本人好みの少し塩の効いた味つけが絶品で、ご飯がとまらなくなった。

この老婆は客が外出して手が空いた時間はいつも居間のソファーに腰掛けて国営中央テレビ（ＣＣＴＶ）を見ている。若い中国人観光客の姿を見かけては「いまの若い人は毛沢東の功績を知らなすぎる」とこぼしていた。文化大革命でさえ「よくない点もあったが、よい点もあった」と擁護する。

あとは戦時中の日本の歴史批判だ。すべてがＣＣＴＶの受け売りだったが、農村での党の宣伝工作（プロパガンダ）の浸透ぶりに驚かされた。ＣＣＴＶはいまや若い人や都市部に住む人は見向きもしなくなっているが、農村の支配にはいまもなお有効だ。

民意の読めない怖さ

じつは日本でも似たような政治構造にあると言える。与党・自民党が長年頼りにしてきたのはコメ農家だ。彼らの多くは地元の農協に属している。自民党が米価をつり上げる政策を続けることで彼らの収入を間接的に保証し、農協がコメ農家の票を束ねて選挙でお返しをする。コメ農家が「票田」といわれるゆえんだ。

異なるのは、共産党がすべてを指導する中国では農民一人ひとりは一票をもたない点だ。それゆえに農村の隅々まで張りめぐらした党組織を通じて農村の動向を把握していないと、本当の民意を把握することはできない。

日本のように報道機関がいくつもあり政権批判が日々行われている国とは違って、中国では共産党を批判できる報道機関は存在しない。すべてのメディアは「党ののどと舌」といわれる宣伝機関だ。農村の末端の党組織が正しく情報を吸い上げなくなると、党の指導者層と民衆の考えはどんどん乖離してしまう。共産党が党員に農民を取り込み続けている理由もここにある。

共産党が上げた悲鳴

「食糧節約キャンペーンを展開する。食の問題をしっかりと解決することは一貫して最優先事項だ」。2022年3月11日、中国の国会に相当する全国人民代表大会（全人代）は、こう記した李克強首相の政府活動報告を採択した。2020年8月には中国共産党トップの習近平総書記が「食べ残し断固阻止」を提唱した。党や国務院（政府）の発表文には、食糧確保をめぐり「悲鳴」にも似た表現が目立つようになった。中国の農業現場で何が起きているのか。

「現在、中国の穀物自給率は95％を超えている」（『中国の食糧安全保障白書』2019年版）。

中国政府が内外に説明するときによく使うのがこの穀物自給率95％という数字だ。だがじつはこの95％には不明な点が多い。国務院はこの数字がそもそもカロリーベースなのか、生産額ベースなのかを公表していない。

日本の農林水産省は定期的に各国の食料自給率を生産額とカロリーベースでまとめているが、主要国で中国だけ除外している。農水省食料安全保障室の担当者は「中国は不十分なデータが多すぎて計算できない」と話す。中国の食料自給率は「不明」というのが実情だ。

中国の農業事情に詳しい愛知大学の高橋五郎名誉教授は、国連食糧農業機関（ＦＡＯ）の統計をもとに、中国本土のカロリーベースの自給率を独自に試算した。主要54品目を対象として計算したところ、直近の２０２０年は「76％」という数字が浮かび上がった。中国の主張する「95％」はあまりにも過大な見積もりだった。

同氏は中国の食料自給率は２０００年時点では94％あったが、２０１０年には88％まで下がったと指摘する。２０１９年は79％、２０２０年は天候の影響などで76％前後に下がった可能性があるという。

２０１８年の穀物の自給率は78％だった。とくに中華料理に欠かせない食用油のもとになる大豆は17％にとどまる。砂糖は80％、バターやバター油で41％となった。高橋氏は自

中国の食糧自給率の推計

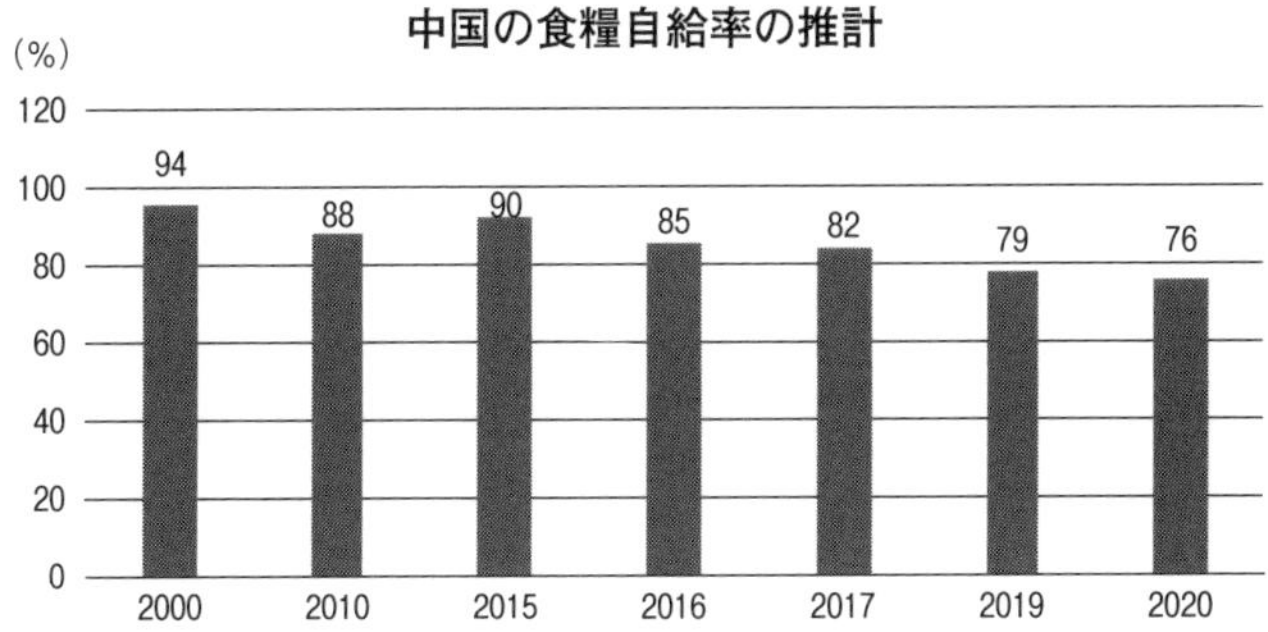

（出所）愛知大学の高橋五郎名誉教授による推計

給率の低下について「農業の担い手の減少や農地の土壌の劣化が進んだことが大きい」と理由を説明する。

農地の2割が汚染

農地の劣化は、じつは中国政府が以前認めたことがある。

２０１４年、中国政府が初めて実施した全国の土壌についての重金属汚染調査によると、農地の19％がカドミウム、水銀、ヒ素などで汚染されていることが明らかになった。中国の公式統計はお手盛りが多く、実際はもっと深刻な可能性が高い。

農地土壌の劣化・破壊状況は、農業農村部の２０１９年全国耕地調査からも明らかになっている。同調査は塩分、有機養分、pH、灌漑《かんがい》、耕土深度、土壌質・岩石露出度、地形などを評価基準にするが、全国合計で65・3％

が「良」、34・7％が「不良」と結論づけた。13％が「不良」のなかでもさらによくない部類に属する。全農地1億3467万ヘクタールのうち、8794万ヘクタールが「良」に、4673万ヘクタールが「不良」に属する。

とくに内モンゴルや山西省、河北省、河南省、陝西省、甘粛省、青海省、寧夏回族自治区、チベット自治区、四川省、雲南省、海南省、広東省、福建省、広西壮族自治区の多くの地域が、「不良」と位置づけられた。中国の食糧生産量のトップ3は黒竜江省、河南省、山東省の順で、このうち河南省の農地でとくに汚染が進んでいる。

「きょうは△月×日、農暦（旧暦）で○月×日です」。中国の夜の7時のニュースでは、中国国営中央テレビ（CCTV）のキャスターが冒頭で必ずこう切り出して番組が始まる。旧暦は農家が田植えや種まきをする基準となり、農作業には欠かせない暦だ。中国共産党の機関紙「人民日報」の1面にも必ず農暦が載っている。

日本ではほとんど使われなくなった旧暦が、中国では主要ニュース番組の冒頭で読み上げられるほど大事にされている。ちなみに日本のニュースでは株価と為替の動向は必ず取り上げられる。この点も好対照だ。それは共産党が農業で切実な問題を抱えているためだ。

中国全土の農地が硬化

中国で黒竜江省に次ぐ農業生産量を誇る河南省を2021年春に訪ねた。少林寺の拳法の発祥の地として有名な河南省鄭州市の近くにある新郷市で、日本式の有機農業を中国に伝えている川崎広人氏に会いに行った。

川崎氏は岩手県生活協同組合連合会を2006年に定年退職したあと、堆肥などを活用した有機栽培の農業技術を身につけて13年に訪中した。それ以来、一度も日本に帰国することなく、小劉固農場と呼ばれる農場で農業専門家として中国農業の再生に取り組んでいる。中国農業の実情に最も詳しい日本人といっていいだろう。

川崎氏はまず山東省青島市の「青島農業大学」で職員として勤務し、中国各地の農地を見て回った。そこで農村の土壌が石のように硬くなっていることや、増え続ける家畜の糞尿をそのまま農地に垂れ流し、深刻な水汚染が広がっている現状を目の当たりにした。

鄧小平の改革開放が本格的に始まった1980年代から農薬と化学肥料の投与が始まり、2010年代以降は投与が急拡大した。化学肥料と農薬一辺倒の栽培で土壌が傷んでやせてしまい、中国各地の農地の至るところで土壌が硬い層を形成しているのを発見した。

川崎氏はこれまで河南省など農地数百カ所の土壌調査に参加した。ほとんどの土地で深さ20センチメートル程度のところに、厚さが30センチから1メートルほどの硬い層ができているのに気づいた。

その結果、野菜の味は落ちて本来のうまみが少なくなり、安く買いたたかれるという悪循環が農村部で起きている。都市部と農村の格差の拡大を実感する日々が続いたという。

そんな川崎氏も中国の農村100カ所を10カ月かけて行脚し、堆肥と有機農業の素晴らしさを説いてまわったが、最初はまったく相手にされなかったという。共産党の影響力が強く保守的な農村部では、外国人に対する警戒が異常に強い。やることなすことが報われず、しまいには中国人にスパイ呼ばわりされて悔し涙を流す川崎氏の当時の映像がいまも残っている。

じつは川崎氏を訪ねた際も不思議なことがあった。新郷市の駅に着くなり鉄道警察が待ち構えていてパスポートや記者証を入念に確認された。「だれと会うのか?」「目的は?」と質問攻めにあっていると、川崎氏が農場関係者を迎えに寄越してくれていたため、ひとまず解放された。

ところが川崎氏と農場を回っていても必ず農場関係者のだれかが一緒についてくる。2人だけにはさせてくれない。なかでも一人だけ大柄で時折鋭い目つきでこちらを見てくる人物がいる。農場関係者という紹介だったが、あとで聞けば地元の警察官が紛れ込んでいた。

外国の記者が来たということで農場は厳戒態勢だったらしい。中国で各地を回れば地元警察官らによる尾行は当たり前だ。川崎氏が中国で信頼されるためにどれほど苦労されたか想像に難くない。

食糧生産力に限界

中国の食糧生産の停滞は公式統計からもうかがえる。穀物生産量はここ数年は6億5000万～6億7000万トンで頭打ちだ。愛知大学高橋五郎名誉教授は、これまで世界トップクラスの散布量の化学肥料と農薬で生産量を底上げしてきたが、農地が汚染されこの手法も限界にきていると喝破する。

共産党が川崎広人氏を大事にしているのは、有機栽培に一つの活路を見出そうとしているためだ。有機栽培とは①化学的に合成された肥料および農薬を使用しない、②遺伝子組み換え技術を利用しない、③農業生産に由来する環境への負荷をできる限り低減する、の3つの生産方法を用いる農業のことで、裏返せば中国の農地が肥料や農薬にまみれて、環境への負荷が大きく高まっていることを示している。

中国では長年、豚や牛などの家畜の糞尿をそのまま捨てていたため、農地だけでなく飲み水まで汚染されるケースが後を絶たない。川崎氏は家畜の糞尿を肥料として有効活用し、農業にも環境にもプラスになる有機栽培を中国で広めようと日夜奮闘している。

農薬にまみれた中国の農地が限界にきていることを、共産党は熟知している。2021年6月28日、共産党創立100周年を記念して「幸せな生活を追い求めて　中国貧困脱却成果展示会」が東京都内で開かれた。主催したのは在日中国大使館だ。

孔鉉佑大使は「中国の貧困脱却事業の成功のためには、日本を含む国際社会の支援もあった。日本政府と経済界は中国の貧困救済事業に積極的に貢献しており、われわれは長年、内モンゴルで砂漠対策と緑化を進めた友人の遠山正瑛、高見邦雄両氏、河南省の農村で堆肥と循環型農業技術を普及させた農業専門家の川崎広人氏が中国の貧困救済事業のために汗水流したことを忘れない」とあいさつした。3氏とも農業とは切り離せない存在という共通点がある。

2004年に亡くなった農学者の遠山正瑛氏の偉業は、いまでも中国で広く知られている。中国内陸部の内モンゴルを中心に2万ヘクタールの砂漠の緑化に成功し、その功績から毛沢東をのぞけば生前に中国国内で銅像が建てられた唯一の人物とされる。1996年に江沢民が決断して遠山氏の業績をたたえて建てた。

内モンゴルにバス旅行に行ったときに、内モンゴル族の男性ガイドが遠山さんのことを語り始めるとたんに言葉に詰まり、しばらく何も話せなくなったことがあった。よく見るとうつむきおえつをこらえている。彼は、遠山氏が植林のために内モンゴルに足を運ぶたびに同行して手伝っていた弟子の一人だった。「内モンゴルに緑が戻り、みんなが生活できるのは遠山さんのおかげなのです」。目頭をおさえながらガイドはこう話した。

農業への危機感は、中国共産党と政府の文書にもくっきりと表れている。中国共産党と政府は毎年、春節（旧正月）の前後に各地方の党組織や地方政府に対して「中央一号文件」と呼ばれる指示を出す。これは時の党指導部がその年に最も重視する政策テーマだ。2004年以降、20年連続で取り上げられているのが農業・農村問題だ。

2021年の一号文件には「中央と地方は食糧主要生産区の農地整備への投資を強化し、干ばつや洪水に関係なく一定の収穫を確保できる農地1億ムー（約667万ヘクタール）を整備する」との目標を示した。中国は18億ムーの耕地保護レッドラインを掲げて厳守するように指導している。

2020年は中国の南方で記録的な豪雨が降る一方で、北方は干ばつに見舞われた。習指導部が災害の影響を受けにくい安定した農地や食糧の確保をめぐって危機感を募らせているのがうかがえる。

2023年の一号文件はより切実な書きぶりだ。「社会主義現代化国家の全面的な建設に向けた最大の難関は農業にある」と明記した。9部構成のうち、最初に置いた最重要項目は「国家食糧安全保障」とした。米国からの輸入依存度の高い大豆の自給率の向上や収穫量を増やすことが期待される遺伝子組み換え作物の研究開発の促進などを盛っている。

輸入多様化で生き残り

節目になったのが2019年の中央一号文件だ。「国内で不足する農産品の輸入を主体的に拡大し、輸入ルートを多様化する」と明記し、食糧の輸入拡大を正式に宣言した。中国の食糧輸入は増え続けており、2020年に過去最高の1044億ドルの食品や飲料を輸入した。これは10年前の4倍以上に当たる。この中国の「爆買い」による穀物や肉類の国際価格の上昇で影響を受けやすいのが日本だ。日本の食料自給率は38%（カロリーベース）で輸入依存度が高い。

2017年5月には中国が米国との緊張緩和を模索し、米国産牛肉の輸入を14年ぶりに再開する計画を示した。米国産牛肉の価格が高騰するとみた日本の牛丼大手が大量買いつけに走った結果、日本の緊急輸入制限（セーフガード）が発動した。米国が不満を示し、米中間の問題は日本にも飛び火した。

買い手としての共産党の動向は、日本の食糧需給にも影響を与える。

共産党を揺さぶる豚肉価格

共産党が最も腐心しているのが、主食の豚肉価格のコントロールだ。かつての成長の勢いを失った中国経済にとって豚肉価格の上昇は農村や所得の低い世帯を直撃し、社会不安につながりかねないためだ。米中対立で飼料価格の高止まりも予想されるなかで、どう庶民の胃袋を満たすのか。豚肉価格の動向は根源的な問いを投げかけている。

「春節（旧正月）おめでとう、新年あけましておめでとう！（春節快楽、新年快楽！）」。2023年1月21日の旧正月の大みそかの夜、中国内陸部の江西省で暮らす玉さんの自宅に親戚一同が集まり、新年のお祝いをした。

細切りにした豚肉とピーマンなどを炒める青椒肉絲《チンジャオロース》にしょうゆを使ってとろ火で煮込む紅焼肉《ホンシャオロー》など、食卓に上るのは豚肉料理ばかりだ。玉さんの親戚の家で飼っている豚を昨晩絞めて持ち込んだという。

中国で豚肉は最も大事な食材と言っても過言ではない。6000年以上前から中国の多くの地域では豚の家畜化に成功し、それぞれの地域で特色のある品種をもつようになった。「家」という文字は、豚の上に屋根がかかっている象形からきている。

豚肉には中国人の特別な思いが詰まっている。毛沢東が湖南省の料理である「豚の角煮（紅焼肉）とトウガラシがあれば生きていける」と語ったのは、中国では有名な話だ。「豚は（牛や豚、犬など）6つの家畜でも筆頭に位置づけるべきだ」。1959年、毛沢東は「養豚業に関する一通の手紙」という声明でこうした考えを提起すると、養豚業は国家の重要事業と位置づけられるようになった。

1980年代までほとんどの農家では1～2頭の豚を飼い、家庭の残飯を栄養価の高い肥料に転換して農耕社会の維持に大事な役割を果たしてきた。豚肉は婚礼の礼品になり、政治や社交の場にも登場し、春節を祝うときの高級食材として喜ばれてきた。豚肉は中国を代表する農産物といってもよい。

「紅軍（共産党の軍）に入れば、豚肉が食えるぞ」。共産党は国民党との内戦時代に農民を取り込むためにこんな宣伝工作（プロパガンダ）を使っている。当時の貧困を極めた農村にとって豚肉は、目のくらむようなごちそうだった。

こうして農村を攻略した共産党は国民党を倒して天下を取った。おおげさにいえば豚肉は共産党のルーツにもかかわってくると言える。

天安門事件の遠因との指摘も

1980年代、豚肉が庶民的な食材に変わり始めた頃、共産党は価格のコントロールに失敗している。1980年代に豚肉を中心に起きたインフレーション（物価上昇）はたちまち農村を襲い、社会不安を高めた。

1989年には政治の民主化を求める若者らを共産党が武力で鎮圧した天安門事件が起きた。当時を知る中国人は「豚肉の価格高騰が共産党統治の不信につながり、若者らが北京の天安門広場まで押し寄せる一因になった」と指摘する。豚肉の動向は、共産党の統治をも揺るがしかねないリスクを秘めている。

食肉が豚肉に集中するリスクを共産党も懸念したのだろう。経済のグローバル化とともに中国でも牛肉や鶏肉も広く食べられるようにバランスをとってきたが、食肉消費に占める豚肉のシェアは依然として6割以上を占めている。豚肉価格は消費者物価指数（CPI）の構成比の3％程度を占める。

中国では毎月CPIの発表があるが、国家統計局の記者会見で必ず豚肉の価格動向の説明に時間を割いている。政府も豚肉価格に極めて敏感なことを物語っている。

中国では選挙のしくみがなく、「民意」を把握するのは難しい。基本は主食といえる豚肉を国民がいつでもおなかいっぱい食べられるようにして社会不安が再燃しないようにすればよい。養豚技術のハイテク化が進む昨今では、豚肉の生産量の増大に伴って価格の下落にも気を配らなくてはいけないという。養豚業者の収入を直撃してしまうためだ。共産党は二正面作戦を迫られている。

まれに見る備蓄制度

中国は世界的にも珍しい豚肉の備蓄制度を持っている。共産党が豚肉の国家備蓄制度を創設したのは1979年だ。鄧小平が1978年に号令をかけた改革開放が始まった直後にあたる。豚肉の国家備蓄は政府が認定した家畜の飼養基地における生きた豚の管理と、政府認定の保管倉庫における冷凍豚肉の備蓄の両方を指している。

主流は生きた豚の管理で、冷凍豚肉の備蓄はそれほど多くないと言われるが、そもそもこの備蓄制度自体が「国家機密」とされており、詳細は謎に包まれている。

この備蓄制度は国と地方で役割分担がされており、生きた豚と冷凍豚肉の管理方法や、マイナス18～20度以下での保管を義務づけるなどきめ細かく運用規則が定められている。共産党が食糧安全保障の根幹に位置づけていることがうかがえる。

中央省庁の管轄も複数にまたがっている。かつては豚の生産部分は農業農村部が責任を負い、管理部分は商務部が管理責任を担ってきた。豚肉が高騰すると商務部が財政部と協議のうえ、国務院の認可を経て国家備蓄を放出する体制を敷いてきた。

最近では豚肉の買い上げや放出の決定は、中国の経済政策の司令塔である中国国家発展改革委員会が担っている。発展改革委は日本でいえば財務省や経済産業省、内閣府などの主要機能をひとまとめにしたスーパー官庁で、官僚は粒ぞろいとされる。

習近平氏は発展改革委のトップに福建省時代からの旧友である何立峰氏を任命して掌握に力を入れてきた。2023年3月には何氏の後任に、やはり習近平氏が長年勤めた福建省にゆかりのある鄭柵潔氏を任命した。中国経済を仕切るトップの官庁に豚肉の管理を担わせているところに習指導部の危機意識が透ける。

中国人にとって主食の豚肉は国内の生産が追いつかなくなり、2007年以降、純輸入国に転落している。「主食」を海外に依存するあやうい構図が定着してしまっている。

「ゼロコロナ」は豚から生まれた?

「共産党のゼロコロナ政策のヒントになったのは豚の管理政策だと思うよ」。こう冗談めかして語るのは養豚業界に精通した中国人の専門家だ。
2018年に中国の養豚業界を襲ったのが海外から入ってきたアフリカ豚熱（ASF）。またたくまに国内で感染が広がり、2019年に豚肉の供給が落ち込み、2020年にかけて価格が2倍以上に急騰した。テレビも新聞も豚肉の価格上昇をめぐるニュースであふれていた。

共産党はこのとき、豚を守れと徹底した養豚版「ゼロコロナ政策」を敷いている。この専門家によると、養豚の生産現場には部外者は一切立ち入れないようにして、従業員はいったん入ったら1カ月以上は外出を禁じた。厳しい養豚業者の場合、3カ月以上外出を禁止し、徹底的に生産拠点を封鎖した。

アフリカ豚熱には有効なワクチンがなかった点も初期の新型コロナウイルスに似ている。あまりの厳格な隔離政策に耐えきれずに多くの若手従業員が逃げるように養豚場を去っていったという。

じつはいまも豚を守るための隔離政策は続いている。基本的に部外者の生産現場への立ち入りは禁じられ、例外的に認める場合でも最低3日間程度の隔離などのハードルをクリアする必要がある。日本に比べてはるかに厳しい政策がとられているのは、中国にとって豚肉は欠かせない食材だからだ。

ちなみにこのとき生産現場の管理がうまくいかなかった当時世界最大の養豚企業、温氏食品集団はまたたくまに首位の座から滑り落ち、2位だった牧原食品がいまは断トツの世界首位についている。牧原食品が推奨したのが、若手従業員の夫婦での住み込みだった。養豚エリア内に若い夫婦が暮らせる環境を完備して何不自由のない生活を保証した。たしかにアツアツの新婚夫婦には理想の環境かもしれない。

農学者の死が語るもの

2021年5月22日——。この日、中国全土を悲報が襲った。コメの収穫量を大幅に増やすことができるハイブリッド米を開発した袁隆平が死去したのだった。中国広しといえど袁隆平を知らない中国人はいないといっていい。小学校の教科書でも大きく取り上げられている人物だ。

袁隆平の足跡は、中国建国後の歴史そのものだ。1930年、河北省で生まれた彼は少年時代に「食べることが人類の生存問題を解決するために最も大事なことだ」との信念に至り、農業を志す。

ところが湖南省に配属された彼が目にしたのは、毛沢東が1950年代後半に発動した大躍進政策が招いた大飢饉《ききん》の惨状だった。当時の中国は農業さえ未熟だったのに、毛沢東が鉄鋼生産量で英国を抜くと突然大号令をかけた。農家にあった鋤や鎌まで出来損ないの自家製高炉に放り込んだため農作業ができなくなり、農業生産量が激減。数千万人が餓死したといわれる。

飢餓地獄を目の当たりにした袁隆平は、自分の手で食糧問題を解決すると決意した。大躍進政策終了後の1964年からハイブリッド米の研究を始め、段階的に改良を進め、1995年には新たなハイブリッド米の理論と技術の開発に成功した。これによって、それまでのイネに比べて収穫量と品質を大幅に高めることができた。中国は世界最大のコメ生産国となり、食糧問題に悩むアジアやアフリカの農業にも貢献。中国の名声を高めた。

2019年、袁隆平がまだ生存中に彼がホームグラウンドにした湖南省長沙市に「隆平水稲博物館」が建てられた。毛沢東の出身地である湖南省にあるのも因縁めいている。2023年2月にこの博物館に足を運んだ。

博物館の外観は彼が開発に生涯をかけた稲をあしらった現代風のデザインで、見ている人間に安らぎを与えてくれる。入口には共産党の党旗と入党時に読み上げる誓いの言葉が掲げられていた。中国では何人たりとも共産党とは無縁でいられない。観光地ではよくある光景だ。

地元の中学校の学生だろうか、多くの学生が見学に訪れていた。その一団を率いる教師が袁隆平の銅像の前にひざまずき、三度深くおじぎをしたのが印象的だった。

博物館では、袁隆平の生い立ちが写真や図解入りで詳しく紹介されていた。共産党がすべてを指導する中国では毛沢東や鄧小平といった党の指導者の記念館はあっても、一人の民間人を取り上げることはタブーに近い。

ところが袁隆平をめぐっては江沢民、胡錦濤氏、習近平氏と三代の最高指導者が直接面会し、彼を表彰している。温家宝首相が袁隆平にあてた直筆の手紙も展示してあった。最近はあまり笑わなくなった習近平氏が満面の笑顔で握手している写真もあった。２０１４年1月に面会して表彰したときのものだった。

こういう場合、中国では時の最高指導者の写真を特大サイズにして自らの権威づけに利用することが多いが、この博物館では目立たせずにひっそりと展示してある。それだけ袁隆平を慕う人が多いからだろう。

２０２１年5月23日、袁隆平の葬儀が長沙市明陽山の葬儀場で営まれた。中国全土から弔問客が押し寄せ、長沙市の交通が完全にまひしたという逸話が残っている。「袁おじさん、あなたに心から哀悼をささげます。葬儀場まで無料でお送りします」。長沙のタクシー運転手約２０００人がボランティアに名乗りを上げ、全国から訪れた人々を送迎したという。

袁隆平が現れなければ中国は第2、第3の食糧難に襲われたかもしれない。それは共産党統治の危機を意味する。中国の経済発展もなお時間がかかっただろう。共産党にとって袁隆平は感謝してもしきれない恩人中の恩人なのだ。死してなお袁隆平が人々から深い尊敬を集めるのは、中国が農業にもろさを抱えていることと表裏一体といえる。

有事に備え備蓄

共産党は有事に備えて食糧の買い集めを急いでいる。米農務省によると、トウモロコシなど主要穀物の世界在庫量の過半が、世界人口の2割に満たない中国に積み上がっていることがわかっている。習指導部の危機感が穀物高騰の一因になっているとの見方もある。

東北部の大連市の港には巨大な円筒がずらりと立ち並ぶ。その数およそ310基。国有企業の食糧大手、中糧集団（コフコ・グループ）が持つ中国最大級の食糧貯蔵庫（サイロ）だ。国内外から集めた大豆などをここに備蓄し、鉄道や船で全国に運ぶ。

「食糧の在庫総量は歴史的な高水準にある」。国家食糧物資備蓄局で食糧備蓄トップを務める秦玉雲氏は2021年11月の記者会見で胸を張った。「小麦の場合、1年半分の消費需要を満たせる。食糧供給は絶対に問題ない」と説明する。

米農務省の推計データによると、2022年前半（穀物年度、期末）の世界の在庫量に占める中国の割合は、トウモロコシが69％、コメは60％、小麦は51％に達する見通しだ。いずれも過去10年間で20ポイント前後高まった。中国が穀物の買いだめを続けてきたことがここでも裏づけられている。

中国税関総署によると2020年の食品輸入額（飲料除く）は982億ドルと、10年間で4・6倍に増えた。2021年1〜9月期もデータを比較できる2016年以降で最高だ。5年間で大豆やトウモロコシ、小麦の輸入額が2〜12倍に急増した。米国やブラジルなどから積極的に買いつけている。牛肉や豚肉、乳製品、果物類も2〜5倍に伸びた。

中国企業が海外M&A（合併・買収）を通じて輸入を支える。食肉加工大手の万州国際は2021年6月、欧州の同業を買収。乳業大手の内蒙古伊利実業集団も2019年に、ニュージーランド乳業大手を買収した。

食品の価格は世界的に高騰している。国連食糧農業機関（FAO）が算出する世界の食料価格指数（2021年11月）は、1年前より約3割高い。資源・食糧問題研究所の柴田明夫代表は「中国による買い占めが価格高騰の一因だ」と説明する。

中国が穀物などの輸入を増やすのは、国内での生産が追いついていないためだ。経済成長で豚などの飼料用需要が高まり、外国の良質な農産品を求める消費者も増えた。一方、

中国の食糧在庫、世界の半分強に　主要穀物の在庫量（推計）

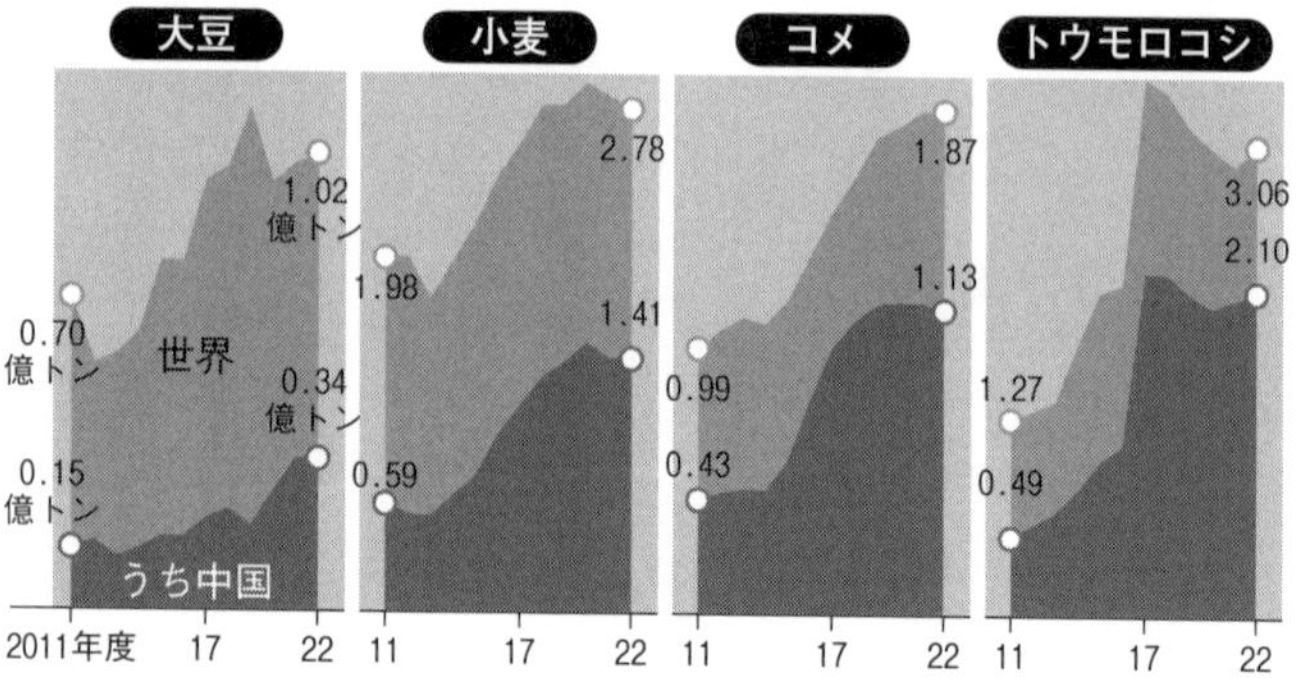

（注）米農務省の推計データから作成。各年は穀物年度、同年前半の期末時点
（出所）「日本経済新聞電子版」2021/12/19

中国の食糧生産量は頭打ちで、食品輸入額は急増した

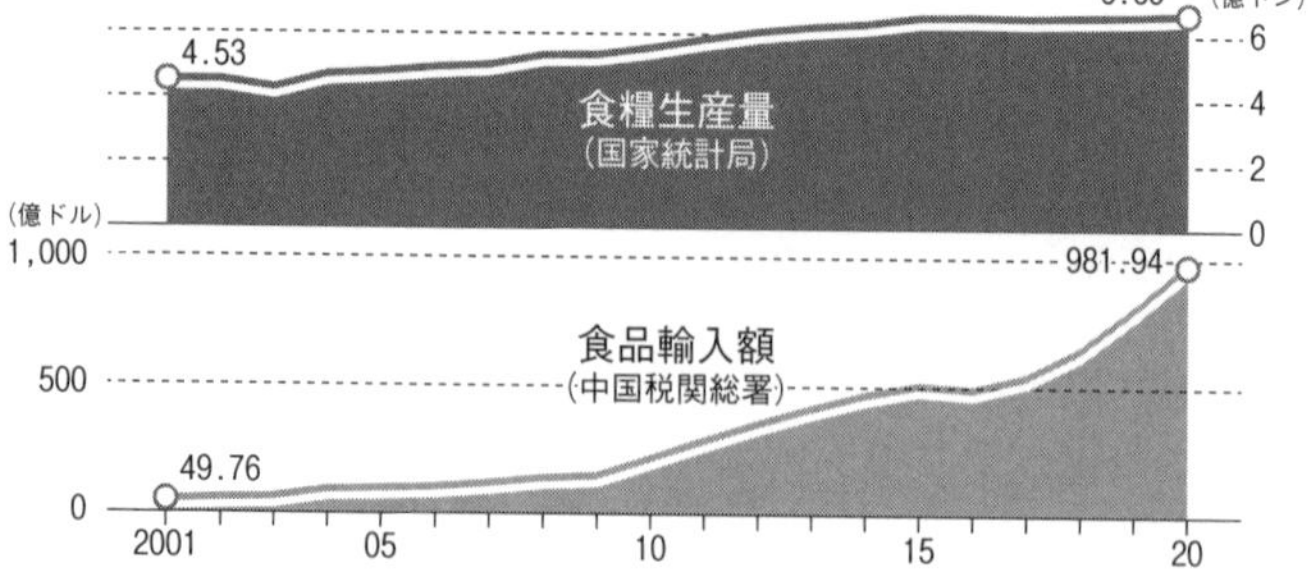

（出所）「日本経済新聞電子版」2021/12/19

国家統計局によると、コメや小麦などの食糧生産量と農作物の作付面積は2015年以降頭打ちとなっている。中国の農業に詳しい愛知大学の高橋五郎名誉教授は「中国は農地の分散化や土壌の汚染で生産性が低い。都市部への農民の流出もあり、生産量は今後も伸び悩む」と話す。

習近平氏は「食糧安全は国家の重要事項だ」と強調してきた。全人代は2021年4月に食べ残しを禁じる法律を可決した。共産党と国務院も10月末に食糧の浪費を減らす具体策を各部門に通知した。全人代は今後、別の「食糧安全保障法案」も審議する。

50代以上の中国人は大躍進政策や文化大革命による食糧不足を経験した。「われわれの世代は多かれ少なかれ、飢えた記憶がある」。国営新華社によると、習氏はかつてこう述べた。食糧不足は国民の不安に直結する。中国の歴代王朝を倒した反乱は飢餓も一因となった。近年、米国やオーストラリアとの関係悪化で輸入環境が激変するという不安材料もある。在庫量を増やすのは危機感の表れと言える。

党主導で食品流通網を整備

習近平指導部は党主導で食糧のサプライチェーン（供給網）の整備も進めている。中国

首都・北京では国営スーパーがシェアを拡大している（2022年11月8日、筆者撮影）

の計画経済時代を象徴する「供銷《きょうしょう》社《しゃ》」が急速に台頭してきている。

供銷社の2021年の売上総額は前年比19％増の6兆2600億元で、インターネット通販の巨人アリババ集団の8割に迫っている。紛争など有事の際にも食糧を安定供給する狙いがあるとの見方が出ている。

供銷社は農家から農産物を買い上げて流通させており、日本の農協に似たところがある。北京市中心部の朝陽区団結湖地区。外国人も多く住むこの地域に2022年10月、供銷社が開店した。11月平日の午前中に訪れると店内は中高年の買い物客でにぎわっていた。「きょうは大根がほかのスーパーより安い。ここの野菜はどれも形がきれいいね」。40代の女性客は笑顔で話す。

入口のポスターには、特売品ではなく「共産党に従い、共産党とともに歩む」とのスローガンが並ぶ。外壁には「供給を保障します」と書いてある。店内は普通のスーパーだが、

お店の外壁には文化大革命時代を想起させるようなイラストが描かれている（2022年11月9日、筆者撮影）

部分的に国営色が色濃く出ている。

供銷社は建国直後の１９５０年に誕生した。農産品や日用品の配給が滞らないように党と政府が流通統制を敷いたのが誕生のきっかけで、改革開放前の計画経済時代には食品や日用品の主な流通経路だった。

改革開放後は民間小売業に押されて衰えたが、近年はじわじわと復活している。

台湾有事にらみか

供銷社は習近平氏が党トップに就いた２０１２年以降に拡大が加速し、２０２１年の売上総額は２０１２年比２・４倍に膨らんだ。２０２１年の伸び率は19％で、中国全体の小売売上高の伸び（12％）を上回る。

習指導部が拡大を後押ししてきた。21年に出した重要文書で「農家の生産・生活にサービスを提供する総合的プラットフォームを整備せよ」と号令をかけた。

2022年の共産党大会前には中国各地で供銷社の復活が相次いで示された。省幹部が「政治業績」としてアピールする狙いがあるとみられる。

目を引くのは、供銷社の全国組織を取り仕切る中華全国供銷合作総社の幹部、梁恵玲氏が22年10月の共産党大会で、党トップおよそ200位以内の中央委員に異例の形で抜擢されたことである。習指導部がこの組織の存在に重きを置いているなによりの証拠だ。

湖北省の地方紙「湖北日報」によると、同省内の供銷社は2014年に一時696カ所とピークの1984年（1800カ所）の4割以下に落ち込んだが、2021年末までに1373カ所まで増えている。

ネット通販も含め民間小売業が全盛の時代に、なぜ国営商店なのか。北京大学で教鞭を執るある教員は「将来起こりうる『危機』に備えて食糧供給が滞らないように準備している可能性がある」と指摘する。

習指導部が「公約」に掲げる台湾統一に武力を用いた場合、米国が中心となって対中国の「経済封鎖」に乗り出す可能性はぬぐえない。仮に食糧不安が起きれば共産党体制を揺るがしかねない。供銷社を通じて流通網への国の関与を強めることが有事の備えにつながるとの見立てだ。

中国の穀物自給率は公式統計では95%と高いが、前述の高橋名誉教授の試算では実際には7〜8割との指摘もある。豚の飼料に欠かせない大豆など大半を輸入に頼る穀物もある。

供銷社は中国が貧しかった計画経済時代の象徴で、中国の庶民は供銷社に複雑な感情を抱く。北京市で働く50代の男性は「子どもの頃、親が食糧配給切符を持って供銷社で農産物を受け取っていたのを思い出す。あの頃に逆戻りしているようだ」と語る。

人口が2000万人を超える北京市では民間の大手スーパーがしのぎを削る。安くて鮮度の高い野菜を売る市場も残る。「国営商店が前面に出てくる事情がわからない」と首をかしげる市民も少なくない。

第6章

終わりの始まり？

共産党の死角

中国共産党は習近平氏の登場以降、すべての権限をトップに集中させて、台湾統一へ強国路線を推し進めてきた。米国を恐れさせる強大な軍事力をもち、もはや東アジアで中国と単独で戦える国は存在しなくなった。北京で暮らしていると、中国はいまや「準戦時体制」にあると感じる。ぴりぴりとした緊張感は日に日に増している。

ゼロコロナ政策をめぐっても党の末端組織は見事に動き、人々の徹底した隔離政策を実施した。新型コロナウイルスとの戦いで、共産党は党規約で定めてある上意下達の機能に磨きをかけた。

一方で、共産党は考えることをやめてしまった。地方では党中央への忖度《そんたく》がはびこり、習近平氏への個人崇拝の芽も見られるようになった。本来は多様であったはずの党内意見は一切の異論が許されなくなった。

突然の政策変更や思いつきの政策が以前に増して目立つようになり、人々はふり回されるようになった。組織の硬化は共産党の意思決定の柔軟性を奪い、米国や日本をはじめとする西側諸国との偶発的衝突リスクを高めている。

厳しさを増す取材規制

2023年3月に開いた中国の国会に相当する全国人民代表大会（全人代）で本格的に3期目を始動させた中国共産党の習近平総書記（国家主席）。ある共産党員から「習氏の一族のルーツは本当は河南省だよ」という話を聞いた。習近平氏は北京生まれで戸籍は陝西省富平のはず。河南省といったいどんなつながりがあるのか。確かめようと現場に向かったら、厳戒態勢が敷かれていた。

「日本経済新聞の羽田野さんですね。こちらにお越しください」。2023年2月9日午前、習氏一族のルーツの地とされる河南省鄧州市の駅の改札出口に着くと、事前に告げてもいないのに地元政府の役人が複数待ち構えていた。

あとでわかったことだが、いまは外国の記者が高速鉄道や飛行機のきっぷを予約すると、そのまま地元政府に連絡がいくしくみがとられているようだ。これまでは出張先のホテルに宿泊すると預けたパスポートの情報が地元の公安（警察）に行き、部屋までお巡りさんが来て来訪目的やどこに行くのかを尋問されることはあったが、より厳しい管理がなされるようになっている。

そのまま6人乗りのワゴン車に乗せられ、いきなり地元の観光地である三国志時代の蜀の軍師、諸葛亮を祭っている「武侯祠《ぶこうし》」に向かい始めた。仕方なく来訪目的を告げると「あの村は新型コロナウイルスの流行以後はずっと立ち入り禁止だ」「外国の記者が話しかけ

習営村の周辺にはつくったばかりとみられる盛り土があちこちにあった（2023年2月9日、河南省鄧州市、筆者撮影）

たら村人が怖がる」と拒否された。村の外側から眺めるだけという条件で現地に向かうことになった。

駅から車で1時間あまり走ると、習氏一族が暮らす「習営村」が見えてきた。といっても地元政府の役人がここだと教えてくれるわけでもなく、アプリの地図で現在地を示すとしぶしぶそうだと認めただけだ。

村の入口に向かう細い一本道はたしかに青色の鉄柵で囲われ、見張り役の黒い服を着た人間が2人立っている。あわててカメラを取り出したら今度は車が大幅に加速し、現場を撮影し損ねた。Uターンして戻ってくれと何度も言ったが、無視された。

それなら歩いて戻ると言っても降ろしてくれない。青色の鉄柵が汚れのないピカピカだったのも気になった。もしや筆者の来訪に備えて急遽取りつけたのだろうか。どこを見ても村人が一人も見当たらないのも奇妙だった。

村の入口は過ぎたものの、見わたす限りの畑を見て気づいたことがあった。あちこちに盛り土があり、お供えものや飾りつけがなされている。中国の「土葬」のあとだ。煙が上がっている盛り土も複数あった。

「これは新型コロナウイルスで亡くなった人のためにつくられたお墓ではないか」。疑問をぶつけると地元政府の役人は激しく首を振って「そんなことはない。どれも昔からあるものだ」と言った。車をとめて写真を撮りたいと言ったが、再び無視された。仕方なく携帯のスマホで急いで車内から撮影した。

土葬の現場はこれまでも地方に出かけたときに見かけたことはあった。盛られた土は乾燥し、白っぽく色が変わる。時間がたつと草や木まで生えてくる。ところが「習営村」の盛り土の多くは黒々として新しい。飾りつけもとても風雨にさらされたようにみえない。最近つくったもののようにみえる。

コロナの爪痕か

共産党の記録によると、習営村は2014年時点で620戸あり、2668人が暮らしている。そのうちの310戸、1300人あまりが習姓を名乗っている。村人の2人に1人が「習さん」と呼ばれている計算になる。

約650年前の明朝初期にこの地に居を構えた習思敬が始祖とされている。中国では先祖の出身地である「祖籍」が最も重視される。習氏の父、習仲勲が第17代で、習近平氏は第18代にあたる。

習近平氏はまだ国家副主席だった2011年3月7日、北京市で開かれていた中国の国会に相当する全人代で河南省代表のメンバーと面会している。そのときに「私の先祖が代々暮らしたのが河南省鄧州市にある習営村です。私のひいおじいさんが存命だった頃、飢饉が起きたため河南省を離れて陝西省にたどり着いたのです。あのときは十分な食事をとることさえできなかった。清朝の光緒帝の時代に（陝西省に）逃れたのです。私の祖籍のルーツはやはり河南省南陽鄧県（いまの河南省鄧州市）なのです」と明かしている。

2004年2月には浙江省のトップだった習近平氏は河南省鄧州市の党幹部と面会し「（習営村のある）十林鎮が繁栄し、ますます発展するように」と語りかけている。習近平氏にとって思い入れのある特別な地なのだ。

もともと習営村は、習近平氏の父、習仲勲元副首相を地元の英雄として祭っていた。習近平氏が2007年の第17回党大会で最高指導部の政治局常務委員に選ばれると、お祝いムードになり、村人が65万元（約1300万円）を寄付して習氏一族の業績をたたえる記念館を建てた。2009年のことだ。2010年4月の清明節に「習氏宗祠」として一般公開が始まった。いまでは地元の観光地の一つになっている。

約500平方メートルの敷地に習思敬を祭る本堂や習仲勲記念堂などの展示館がある。記念館の門の看板は習近平氏の母、斉心氏が筆をとった。

中国最大規模の旅行サイトで調べても「習氏宗祠」が閉鎖されているという情報はなかった。ゼロコロナ政策の真っ最中だった2022年3月1日に現地を訪れた人が「開いているよ。いつでも見て回ることができます」と書き込んでいる。

そのゼロコロナ政策も2023年1月に終了し、ほとんどの博物館や記念館は開いている。なぜ今回はここまでして外部の人間が近づくのを拒むのか。習近平氏の個人崇拝や神格化につながるとみられる動きが起きているのだろうか。

あるいは共産党ではゼロコロナ政策とその解除は「決定的な勝利」を収めたことになっている。習氏一族のルーツの地でコロナによる死者が相次いでいると推察されるのを地元政府が警戒したのではないか。こんな疑念が頭から離れなかった。

地方政府の対応は完全に移動の自由を奪い、事実上記者を拘束しているといっても過言ではない。別の地方出張では空港の出口に警察官が4人待ち構えていて、私にスマホの画面を見せつけてきた。警察官のスマホには私の写真やいつ中国に入国したかなどの情報が記されている。家族がいつ中国に来たかのデータもあった。車で移動する際には後ろから複数の車が尾行してくるのも常態化している。

いずれも習指導部が細かく指示しているとは思えず、地方政府が忖度している面が大きい。それが外国記者の中国に対する印象をどれだけ悪化させているかを考えているとは思えない。党の組織が硬直化し、こうした対応はいったんやり始めると今度はやめる理由が見つからなくなり、エスカレートする一方だ。

個人崇拝の芽生え

河南省鄧州市から車で1時間ほど南に移動した湖北省襄陽市。習近平氏は河北省や福建省、浙江省、上海市で党務の経験を積み、2012年に共産党総書記に就いた。一見、習近平氏の経歴からは縁もゆかりもなさそうなこの地でも習近平氏の祖先を祭っていると聞いて訪ねた。

「習家池」という額のかかる木造の門を通ると、その先には歩くとゆうに1時間はかかりそうな巨大な園庭が広がっていた。入って進むと目を引くのは、習氏の祖先をたたえる石碑だった。「習一族は尽忠報国の不朽の業績で地方経済、政治、文化、社会建設に突出した貢献をした」ともち上げている。

習氏が総書記に就いた2012年に枯れ木から新芽が生えてきたという「伝説」も広まっていた。まるで町を挙げて習氏への忠誠を誓っているようだ。

園庭の中心にある池は約2000年前、後漢時代の役人だった習氏の祖先、習郁が造ったとされる。習郁は春秋戦国時代に越の国の王に仕え、春秋覇者に押し上げた最大の功労者、范蠡の池の造り方を学んで造営したという。

池の整備が始まったのは割と最近で、習氏が国家副主席に就いた2008年頃だ。たしかに先ほどの石碑も妙に新しい。入口に戻ってもう一度門を見返すと、右側にもう一つ石碑があった。「湖北省重点文化文物保護単位　習家池　湖北省人民政府一九九二年十二月公布　襄陽市人民政府重立」とある。

習家池の案内人に「本当に約30年前に造った石碑なのですか。ずいぶん新しいですね」と尋ねると「重点文化文物保護単位にするとの文書を出したのが約30年前で、この石碑は

習近平氏の祖先を祭っている習家池（湖北省襄陽市、2023年2月8日、筆者撮影）

最近建てた」とのことだった。

　習家池はもともと約200年前に清朝が大規模に手を入れていまの形にしたという。満州族が支配した清朝は漢民族との融合を進めるため、中国のあちこちで文化財の保護・修復を手がけている。習家池もその一つなのかもしれない。清朝が整えた風格のある石造りの門と、急ごしらえで造った石碑のコントラストが印象的だ。

　案内人によると、襄陽市では有名な散歩スポットになっていて、平日でも3000～5000人、週末は1万人が訪れるという。

　じつは「習家池」周辺も厳戒態勢が敷かれており、筆者が訪ねると、案内人や地元政府の役人とみられる人物10人近くが後ろからぞろぞろとついてきた。公園のあちこちに見張りとみられる人間が立ち、こちらをちらちら見てくる。習近平氏にまつわる場所は、たとえそれが2000年前の祖先であってもタブーに近いらしい。

諸葛亮も「利用」

この習家池から車で30分あまり移動すると、三国志時代に蜀に軍師として仕えた諸葛亮が若き日を過ごした場所がある。世界最強の覇権国、米国と対決姿勢を打ち出す習近平氏と、当時最も高い国力を誇った魏に対し蜀の軍勢を率いて戦い抜いた諸葛亮。強敵に立ち向かう姿勢だけ見ればなにやら似ていなくもない。だが諸葛亮が率いた蜀は、諸葛亮の死後に魏に投降する末路をたどった。習近平氏は諸葛亮をどう評価しているのか気になるところだ。

訪ねたのは、諸葛亮が生まれ故郷の山東省から移住して暮らした「古隆中」と呼ばれる地域だ。地元では屈指の観光スポットになっている。まず目に飛び込んできたのが、入口に掲げられた「(習近平氏が異例の3期目入りを決めた)第20回共産党大会の精神を深く学び貫徹しよう」という政治スローガンだ。共産党幹部が学習会で何度も連呼させられている決まり文句だ。

共産党のマークとともに、「(共産党大会の)報告を学び、思想を悟り、新局面を開く」の

諸葛亮を祭る古隆中も共産党の宣伝だらけだった（湖北省襄陽市、2023年2月8日、筆者撮影）

標語も掲げられている。チケット売り場まで共産党のスローガンで埋め尽くされ、いささかうんざりさせられる。

観光の目玉となっているのが、のちに蜀の初代皇帝となる劉備が三顧の礼で諸葛亮を迎えた場面を再現した「三顧堂」。諸葛亮が劉備に「天下三分の計」を献策するようすが人形を使って表現されており、三国志ファンを熱狂させるつくりになっている。

外に出ると劉備の義弟である関羽や張飛が待機している場面が再現されている。関羽は長いひげをなでながら悠然と構え、短気な張飛は眉間にしわを寄せいらだちの表情をみせている。細部までつくりこまれている。

ところが理想の政治家として諸葛亮の偉

業を展示しているというふれこみの「隆中書院」に入ると、急に現実世界に引き戻される。壁一面のスクリーンと机の上に並ぶタブレット端末で共産党の功績を学ぶ内容になっている。

習近平氏はかつて演説で諸葛亮の言葉をたびたび引用しておりここでも紹介されている。「家に余分な財産を蓄えず、外で不要な財産を稼がず」「学ぶことで才能は開花する。志がなければ、学問の完成はない」。どうやら習近平氏も諸葛亮の業績を認めてはいるようだ。だが自らの権威づけに利用している印象のほうが強かった。

ゼロコロナから見る共産党

習近平指導部が2020年から2022年まで実施したゼロコロナ政策はちょうど筆者の北京駐在の時期に重なった。共産党はゼロコロナの出口に向けた道筋をなんら示すことなく突然解除したため、それまでは出口の見えない暗いトンネルのなかを手探りで進むような日々だった。

ゼロコロナ政策は共産党の、共産党による、共産党のための政策だった。そのため北京で暮らしていると感染拡大による共産党の焦りや怒り、一時封じ込めた喜びと最後のあきらめにも似た吹っ切れ方と、組織の息づかいを感じることができた。コロナを通じて共産党統治の光と影の両面を見ることができた。

戦い抜いた党の末端組織

「新型コロナウイルスの対策は大きな戦略的成果を収めている」。中国の李克強首相がこう宣言をしたのは2020年5月22日、中国の国会に相当する全人代だった。共産党は2020年3月には海外との往来を事実上停止した。一時帰国していた日本の中国駐在員やその家族でさえ、ビザの有効期限が残っているにもかかわらず中国への入国が禁じられた。ほぼ完全に鎖国に近い状態になった。それだけに初期の封じ込めはたしかに早かった。

ゼロコロナの期間中、最前線でコロナ対策にあたったのが、日本の自治会に相当する「社区」だった。日本の自治会に似てはいるが、中国の社区はブロックごとに独立していて、外部の人間が自由に出入りすることは年々難しくなっている。それぞれがまるで小さな城のような存在だ。

その社区を末端組織としてコントロールしているのが共産党で、社区の出入口で体温検査や感染者の隔離とその世話、QRコードのついた「健康宝」の確認といった徹底した管理をやった。当時は住んでいる社区とは別の社区にある居酒屋に入るのも一苦労だった。「ここからは入れないよ」。2020年2月下旬、北京市朝陽区のある居酒屋に向かおうと道を歩いていたら、社区の入口に立つ警備員に声をかけられた。この社区には東西南北の4カ所に出入口があるが、東門以外はすべて封鎖され、城塞のようになっていた。弁当などをバイクで配達する人たちも、いつもあった入口が突然封鎖されて立ち往生していた。

東門の入口で体温検査を受けたあと、住民向けに発行された「社区カード」の提示を求められた。このカードがなければ一歩たりとも入ることはできない。この社区カードはその後、「健康宝」というQRコードに変わり、3日に1度PCRを受けていないとスマホの画面に異常が表示されてお店やホテルはもちろん自宅のマンションにすら入れなくするしくみに変化した。異常が出たことを示す「弾窓した（スマホの画面に弾が当たって割れた状態のたとえ）」は、中国の流行語となった。

「重要通知。新型コロナに感染の疑いがある人を見つけたら連絡してください。相互監督しましょう」。2020年2月7日、習近平国家主席の母校である清華大学の隣にある社区のマンションで各部屋にこんな文書が投げ込まれた。差出人は社区の運営にあたる「居民委員会」。住人は「まるで密告の奨励だ」と話す。

習近平氏が視察した北京の居民委員会。共産党社区委員会の看板も並んで掲げられている（筆者撮影）

2枚の看板

非常時には住民を隔離し、監視する社区とはどんな組織なのだろうか。北京市内には3000前後の社区があり、郊外に行くと一回り小さい小区が無数にある。住民によって選ばれた「居民委員会」が社区の運営にあたる。新型コロナウイルスのような問題が起きると、どのような対策をとるべきか話し合う。最近ではいかにゴミの分別を徹底させるかが、北京の居民委員会の課題の一つだ。

居民委員会の前にはそっくりの看板が2つ掲げられている。一つは「居民委員会」、もう一つは「共産党社区委員会」だ。表向きは居民委員会が社区の顔役となるが、実際は中国共産党の支部が派遣した「共産党委員会書記」がその社区の最終責任者だ。共産党にとって社区は末端組織で、人民を「指導」する最前線となっている。

中国共産党が中国を統治するうえで社区をいかに重視しているかは、習近平氏の動きを見ればわかる。2020年1月下旬に新型コロナの蔓延が明らかになって以降、習氏が2月10日に真っ先に駆けつけたのが朝陽区安貞街道の「安華里社区」だった。

中国国営中央テレビ（CCTV）は、マスク姿の習近平氏が居民委員会のメンバーをねぎらうようすを大きく映し出した。この社区は集合住宅が軒を連ね、約1万3900人の住民が生活する。小さな広場やスーパー、診療所もあり一つの街になっている。

なぜ習近平氏がここを選んだのかを知りたくて社区を歩いていると、初老の男性が「ここは中国建国後、北京で最初にできた集合住宅型の社区なんだよ」と教えてくれた。北京の人が暮らす標準的な社区だから足を運んでアピールしたのだろう。

一人っ子政策との共通点

社区には中国の「一人っ子政策」を担った暗い過去もある。かつて居民委員会のもとには「計画出産委員会」が置かれ、社区内の出産適齢期の女性の人数を把握し、2人目の子どもが生まれないように目を光らせていた。当時を知る人は「2人目の妊娠がわかると社区の担当者と公安（警察）が妊婦のもとを訪れ堕胎を促した」と明かす。

そのまま病院に連れて行き「強制流産」させることも珍しいことではなかったという。こうした悲話は、検閲が厳しい中国のネット上でもわずかにみつけることができる。社区の監視の目から逃れるため親族や友人の家を転々とし、身を隠した女性たちもいた。居民委員会は社区の中でどんな人が生活しているか徹底的に調べるため「戸籍警察」とも呼ばれる。

この戸籍警察は社区にコロナ感染者がいないか目を光らせるのにも大いに暗躍した。2022年春には習近平氏の指示で上海市が都市封鎖（ロックダウン）となったが、この戸籍警察の異名をとる居民委員会が手足となって封鎖の最前線に立った。社区に住む住民はもちろん、小さな抜け道やお店の裏口まですべてを把握しているために、いざ都市封鎖の号令がかかると脱出することはまず不可能だ。

当時、中国のネット上では、上海市の居民委員会と公安（警察）が陽性の疑いがある住民の家を訪れ、ドアを破壊して強制的に隔離施設に連れ出す動画があふれていた。先の見えない封鎖生活に耐えきれず自殺した人のニュースも相次いだ。多くは削除されたが、当時は当局も消しきれない状態で、簡単に見ることができた。

末端組織の弱体化と疲弊

最近は居民委員会の仕事が増えて、悲鳴が上がっている。同委の業務に従事したことがある人は「社区の上には糸が千本ある」と語る。居民委員会の上部には政府の末端組織の「街道」や共産党支部など複数の組織が重なり、それぞれが指示・命令してくるため対応しきれないという不満だ。

とくに２０２０〜２０２２年は新型コロナへの対応で入口の警備や社区内の見回り、隔離された世帯の管理などが重なり、それらを差配する居民委員会は多忙を極めた。隔離されるほうも大変だが、隔離する側にも大変な負担がかかった。天津市のある社区で見回りや宿直の仕事を続けた20代の共産党員は「若い党員ばかりが現場に駆り出されている」と不満をもらす。社区に住む党委員会書記が若くて体力のある党員を優先的に現場に配置したために、若い人ほど疲弊していた。

共産党や地方政府は、社区の仕事に従事した人を採用や考課で評価する優遇策をとっている。それでも「社区の仕事は大変なうえに給料は低い」（社区関係者）と人気は低い。居民委員会では選挙の制度があるが、候補者が集まらずに同じ人が続ける例が目立っているという。

現場に動員された若い党員は「新型コロナを抑えるために社区で働いているのに住民からののしられたり罵詈《ばり》雑言を浴びせられたりすることは毎日のようにあった。一般の人の政治意識が下がり、ごく一部の人で支えているのが現状だ。社区こそ党と中国の原動力なのに」とこぼす。

ゼロコロナの正体は

2023年2月16日、習近平氏を頂点とする党最高指導部が集まる政治局常務委員会が開かれ、新型コロナウイルスの感染対策で「決定的な勝利を挙げた」と一方的に完全勝利を宣言した。2億人以上が治療を受け、死亡率を世界で最も低く抑えたと主張した。2022年11月以降のコロナ対策の最適化に向けた取り組みによって「比較的短期に円滑な移行」を遂げたとした。

たしかに致死率が比較的高く隔離政策が有効なデルタ株に対して、共産党の末端組織の献身的な取り組みは大きな成果を上げた。共産党の高い組織力をフルに発揮した。「人権無視」との批判を浴びながらも、海外からの渡航者や感染疑いのある人を2〜4週間も隔離し、感染リスクを徹底的にゼロに近づけた。

ところが感染力が極めて強い弱毒性のオミクロン株に変異してからは、党中央の判断が遅れに遅れ、すべてが後手に回った。極めて重要だったのが、デルタ株からオミクロン株に置き変わった2021年だった。米欧ではワクチン接種が進んだが、共産党は中国産にこだわり、効果の高い米欧のワクチンの輸入を拒絶し続けた。一方で、過剰な隔離政策を続け、中国で暮らす人々に大きな犠牲を強いた。都市間の移動も封じられた。

なぜ共産党はゼロコロナ政策を実施したのか。あくまで私見だが、当時北京で暮らしていた人間として言わせてもらうとすれば、すべては習近平氏の健康を守るためではなかったか。

共産党は2020年3月以降、すべての外国要人の北京訪問を禁じた。東南アジアなどから外相が訪中することはあったが、決して北京には入れずに中国の地方都市で応対した。習近平氏をはじめとする7人の最高指導部は、すべての外遊を停止した。共産党の最高指導部が執務室を構える中南海にコロナが持ち込まれる事態を警戒したのだろう。2021年にイタリアで開かれるG20に習近平氏が現場におもむくかが注目されたがやはり訪問しなかった。バイデン米大統領や岸田文雄首相ら主要国首脳が集まるなかで、防御姿勢に徹した。

ゼロコロナ後、初めて外国要人が北京を訪れたのは2022年2月の北京冬季五輪だった。習近平氏は主賓としてロシアのプーチン大統領を招いたが、このときも決してマスクは外さず、握手もしなかった。

コロナは既往症のある高齢者ほど重症化すると言われていた。習近平氏の健康状態は知るよしもないが、70歳の古希を迎えた人物が健康にまったく問題がないほうがまれだろう。ましてや中国のすべてを背負い、後継候補さえ定めていない状態だ。万が一のことがあれば共産党が新たな指導者選びをめぐって混乱し、最悪の場合分裂状態に陥るシナリオさえ想像できる。党を挙げて、国を挙げて習近平氏を守るためのゼロコロナだったのではないかと考えている。

2022年10月の第20回党大会後の11月に習近平氏は3期目入りして初めての外遊に出た。インドネシア・バリ島で20カ国・地域首脳会議（G20）に出席し、アジア太平洋経済協力（APEC）首脳会議に出席するために、その足でタイのバンコクに向かった。

筆者も現場に向かう機会を得たが、どの国の首脳もマスクを外している場面が多かった。中国14億人にマスクの着用を義務づけていた習近平氏もさすがに世界の変化に驚いたに違いない。当時、習近平氏に同行していた香港行政長官が感染していたことも判明し、習近平氏も感染したのではとの観測が広まった。

興味深いのは、2022年12月1日に北京を訪問していた欧州連合（EU）のシャルル・

ミシェルEU大統領と習近平氏の会談だ。EU高官の説明によると、ミシェル氏がワクチンの効用性を訴え、ゼロコロナ政策に疑問を呈したのに対して、習氏も一定の理解を示した。習氏からは「中国のコロナは主に変異株のオミクロン株で、以前に流行したデルタ株より致死率が低い。ほかの地域の例からも制限緩和への道を開くものだ」との話があったという。

これはもはや習近平氏とその周囲がコロナを恐れなくなったことを示している。ワクチンの効果か実際に感染したためかはわからないが、抗体ができたのだろう。事実、その直後にゼロコロナは解除された。外部から見たゼロコロナの不可解さは、習近平氏の動静を見ていけば腑に落ちる。

塾規制の異様

ゼロコロナ政策は共産党らしい政策だったが、その解除はあまりに唐突で、人々の生命や健康に十分に配慮した判断とはとても言えなかった。

ゼロコロナ政策の解除と同じくらい突然で、いまなお、子を持つ親たちを戸惑わせている政策がある。2021年7月に共産党が始めた小中学生向け塾の一律禁止規制だ。高騰する塾代を抑制し、家計の教育費負担を和らげることで出生数の減少に歯止めをかけるとのふれこみだった。英語や数学など日本の主要5教科に相当する科目が対象となった。なんの前触れもなく始まったため、多くの学習塾が閉鎖、倒産に追い込まれた。

この奇妙な政策はある共産党員の分析によると、習近平氏の若い頃の体験に根ざしているという。習近平氏は10代の頃に陝西省の梁家河村に下放され、地元の農民とともに農作業に従事して苦労をわかちあった。習近平氏は党幹部として昇進を重ねるたびにこの村を訪ねて当時をなつかしんでいる。

それに比べていまの子どもは学校と塾の往復で、バランスの取れた人間に育たないという危機感からなのかもしれないが、だれがどういう議論をして決めたのか一切情報が開示されないのがいかにも秘密主義の共産党らしい。中国人の子どもの生活は、18歳で迎える共通大学入試試験「高考《ガオカオ》」に向けて組み立てられている。その支えになっているのが学習塾だ。

突然の塾規制でうろたえる親の嘆きをいくども耳にした。お金持ちの親は、こっそりと優秀な家庭教師を見つけて子どもにマンツーマンの指導を依頼することができる。知り合いの中国人はオンラインで教えてくれる家庭教師を探したが、後にネットが監視されているリスクを感じ取りやめざるをえなかった。子どもをもつ親の、声にならない怒りの声は確実に高まった。

地方を知らない共産党幹部

共産党幹部の経歴を見て気になるのは、地方の実情に詳しいとは思えない人物が増えている点だ。その筆頭と言えるのが、習近平氏の後継候補の一人との見方もある丁薛祥氏だろう。いまは共産党序列6位で、習指導部の官房長官とも言える共産党中央弁公庁主任を務めた。

丁薛祥氏は上海の復旦大学を卒業後、上海市の勤務経験のみだ。習近平氏が2007年に上海市トップに就いた際に見出され上海市党委員会秘書長として支えた。後に中南海に異動してとんとん拍子に出世した。習近平氏のもとで官房長官役を務めたのだから能吏であるのは間違いない。

共産党幹部には地方2カ所以上を経験してふるいにかけられた者が中南海入りできるとする不文律があるが、習近平氏はこれを破って2022年の党大会で丁薛祥氏を最高指導部に引き上げた。それほどのお気に入りだ。

じつは学習塾規制も、丁薛祥・共産党中央弁公庁主任（当時）の指示で始まっている。

彼のもとでまとめられ、習近平氏の決裁を経て実施されている。だが都市と地方の格差が著しい中国は、地方に行くほど学習熱も高い面がある。

貧しい家庭に生まれた若者が人生で一発逆転するには、「高考」で名門大学に入るしかないためだ。親はそのため生活費を削って子どものための学習費を捻出する。地方で暮らす親と子どもの切実な思いをどこまでくみ取れたのか疑問は残る。丁薛祥氏は今後キーマンとなるだけに、目が離せない。

もう一人挙げるとすれば、党序列4位の王滬寧氏だろう。江沢民、胡錦濤氏、習近平氏の3代にわたって仕えたことから「三大帝師」との異名をとる。習近平氏のもとでは広域経済圏構想の「一帯一路」政策や、中国の意に沿わない相手国には威圧的にふるまう「戦《せん》狼《ろう》外交」の提唱者として知られる。上海出身の学者のためやむをえない面はあるが、ずっと北京から動いていない。

中国共産党にはよき人材育成の伝統があった。幹部候補生をまず地方に配属し、複雑な地方の実情を学ばせ、評価された人材が北京にはい上がってくるボトムアップ型の人材育成システムだ。鄧小平時代に始まり、江沢民や胡錦濤氏の時代も続いた。

最近は、習近平氏の指示を忠実に実行できる幹部が偉くなる人材登用に大きく変化している。これは、現場の生情報を吸い上げてきた党組織の役割が党中央の指示を貫徹する上意下達型に変化していることと軌を一にしている。

戦前の日本に酷似か

国内で統制を強める共産党は米国や日本、周辺国との対立も辞さない姿勢を見せるようになった。共産党は結党以来の秘密主義の体質から脱却できず、外部に自らの考え方をわかりやすく伝えるのが極めて苦手だ。

過剰な防衛本能から常に米国を中心とする外部勢力からの干渉を受けていると思い込み、自らの安全を守るために南シナ海や東シナ海を掌握しなければならないと決めつけている。この独りよがりの態度が周辺国には横暴にみえる。戦前の日本に酷似しているとの指摘も多い。

ここで紹介するのは、日本の政治外交史に精通し、防衛大学校長も務めた五百旗頭《いおきべ》真氏が公開した「中国よ、戦前日本の道を歩む勿れ」の最後のハイライト部分だ。公開から10年以上たっても色あせないどころか、共産党は五百旗頭氏が危惧した方向に向かって歩みを早めていることがうかがえる。

「中国にお願いしたいことがあります。

中国の軍事力はすでに中国防衛に十分です。経済発展に必要な資源とシーレーンは、軍事力で支配するのではなく、お金で買い共同利用すべきものです。米国とグローバルな軍事的覇権を競うべきではありません。それをすれば中国国民全体の生活向上に用いるべき資源を全て空母艦隊などの軍備に投入することになります。

平和な国際環境の中で持続する平和的発展と相互依存関係を進めるべきではありません か。極端な軍事力増強とそれと連動するナショナリズムによって、中国が世界に不安を与え、孤立し、中国が引き起こした世界の反応から『中国封じ込め』が行われていると危機感を募らせ、ますます中国が軍事力増強とナショナリズムに向かう悪循環に陥らないでください。それは十九世紀ドイツ台頭がもたらしたシナリオであり、一九三〇年代の日本のシナリオでした。中国が偉大な経済的台頭の成功を、軍事力増強によって曲げないことを切望しています。

一九二四年に孫文は神戸で演説し、日本は東洋的王道の道を歩むのか、西洋的覇道の道を歩むのか、を問いました。残念ながらその後の日本は軍事力による覇権に没頭しました。しかし今、孫文の問は、中国自身に向けられています。中国が軍事的覇権に向かわず、力はあるがそれ以上に徳のある、国際協力により世界秩序を支えるすばらしい大国に進まれることを心から願っています」

この原稿は2010年末に中国国営の新華社が日中関係について寄せた質問への返答として書かれた。五百旗頭氏によると、かなり率直に中国側の誤認を正し、あるべき道を説いたので、ボツになるかもしれないと思ったという。ところが当時の新華社は全文を正確に中国語に訳して配信した。当時の共産党はまだ「聞く耳」はもっていた。

共産党版「失敗の本質」

共産党は本当に旧日本軍と同じ轍を歩みつつあるのだろうか。『失敗の本質――日本軍の組織論的研究』という日本の名著がある。第2次世界大戦前後の大日本帝国の主要な失敗策を通じて日本軍が敗戦した原因を追究すると同時に、組織論にも踏み込んでいる。この論を通して共産党をふり返ると、当てはまることがあまりに多いことに気づく。

筆者が北京に駐在した2019~2023年の間に中国という国の方向性を左右する大きなできごとがいくつもあった。その多くで共産党はいくつもの判断ミスを犯した。それは党組織の硬化と無関係ではないと考えている。

都合の悪い情報は上がらない

その一つが2019年11月の香港区議会議員選挙だ。当時は香港政府が犯罪容疑者を香港から中国大陸への引き渡しを可能にする「逃亡犯条例」改正案への反対運動をきっかけに民主派によるデモ活動が吹き荒れていた。区議選は有権者が1人1票を投じる普通選挙で、香港の選挙で最も民主的とされた。民主派は「事実上の国民投票」と位置づけて親中派と対決構図をつくりだした。

激しい抗議活動が続くさなかで、習近平指導部は親中派の敗北を懸念して香港区議会選を延期にするとの観測が根強かったが、予定通り断行した。

すると民主派が圧勝し、獲得議席は8割を超えた。なぜ負ける選挙を習指導部は断行したのか。長年中国メディアに勤めたベテラン党員は「党中央は親中派が勝つと最後まで信じていた」と話す。

「ニューズウィーク」(日本版)によると、「環球時報」や「人民日報」など、共産党系の各メディアは、親中派勝利の予定稿を用意して選挙結果を待っていた。「チャイナ・デイリー」や「環球時報」は投票当日の報道でも、投票率の高さを「香港の混乱がこれ以上、続かないようにという市民の願いの表れ」だと主張し、予想が外れて民主派が勝利した場合の備えはほとんどなかった。実際、共産党系メディアは、選挙後は選挙が終わったとのみ報じ、選挙結果については完全に沈黙した。

民主派の圧勝を完璧に予測した人は見当たらなかったが、投開票日の前には民主派の勝利を予想する分析は複数出ていた。共産党が把握していないはずがない。こうした情報は習近平指導部のもとには一切届かなかったようだ。

大失態を演じた習近平指導部は一気に強硬策にでる。2020年に香港国家安全維持法の制定に踏み切り、西側諸国との貴重な接点だった香港の自治を保証する「一国二制度」を自ら潰した。ここから西側との断裂が深まっていった。

『失敗の本質』では旧日本軍に強烈かつ一貫した「ものの見方（戦略原型）」が存在し、戦略的使命に影響を及ぼしていたとする。「共産党は必ず中国のすべてをコントロールできる。民主派に負けるなどありえない」。こうしたものの見方が正しい情報を上げるのを拒んでいたのではないか。

深刻なコミュニケーション不足

2023年2月に起きたバイデン米政権による中国の偵察気球の撃墜も習近平指導部に

大きな痛手となった。当時、習指導部は米国との緊張緩和を探るため秋波を送っていた。ブリンケン米国務長官が対話のために訪中する直前に中国の偵察気球が米国の領空を侵犯していたことが判明。米国の世論は中国批判で沸騰し、最新鋭戦闘機F22で撃墜する大騒動となった。

中国外交担当トップの王毅氏はブリンケン氏に「米国が騒動をあおり立てるなら中国はとことんつきあう。結果はすべて米国が負うべきだ」とたんかを切り、中国は内心で警戒しているロシアとの関係を深めざるをえなくなった。

なぜブリンケン氏の訪中という一大イベントの前に偵察気球の発出というおそまつなことをやってしまったのか。ちまたでは「軍が反発して米中対話を潰そうとした」「習近平氏が軍を掌握していない証拠だ」などと言われたが、真相はおそらく違うところにある。

沖縄県・尖閣諸島周辺の領海に侵入する中国海警局について取材していたときのこと。ある中国軍の事情に詳しい関係者から「釣魚島（尖閣諸島の中国名）周辺の領海警備計画は中央軍事委員会の決裁にもとづいて実施している」と聞かされた。中央軍事委員会は中国軍の最高意思決定機関で、習近平氏がトップだ。つまり習近平氏の裁可のもとで、計画的に領海侵入が起きていることになる。

おそらく偵察気球も軍の年間偵察計画のようなプランに組み込まれており、中央軍事委員会は早い段階で決裁をしていた。軍の現場は粛々と計画に沿って偵察気球を飛ばしていた。それがブリンケン氏の訪中と重なり、米メディアに発見されたことで米国の世論に火がついてしまったということではないか。北京の外交筋は「中国外交部は偵察気球の件をまったく知らされていなかった」と証言する。

中国軍と外交部は仲が悪く、意思疎通がうまくいっていないのは関係者の間でよく知られていることだ。だがここで問いたいのは「共産党は何をやっていたのか」だ。

これまでもくり返し述べてきたが、日本の行政システムと違い、中国は共産党が行政機構を指導する立場にある。外交部や軍の内部にも党組織があり、重要事項は意思決定に深く関与している。たとえば外交部では、外交部長（外相）と外交部内にある共産党委員会書記の二重体制にある。端からみれば非効率に見えるが、本来の目的は行政機構の間を共産党が横串を通すことで全体の効率化につなげることができるというものだ。

だが偵察気球の事件をふり返ると、横串となるはずの党組織が動いた形跡がない。軍と外交部がそれぞれ別々の論理で動けば不幸な結果になるとわかっていても習近平指導部に意見具申をした党組織がない。

『失敗の本質』は、組織間のコミュニケーション不足による方針と戦略の不徹底が日本軍の敗北を招いたと指摘している。戦争の目的は勝つことだが何をもって「勝ち」とするのか。個々の作戦でも相手の基地をつぶすのが目的か、敵の機動艦隊を壊滅するのが目的か、あいまいで幹部間で意思疎通がとれていなかった。

気球のケースでもどうやって対米戦略を組み立てていくのか、その基本的なところから足並みがそろっていなかった。気づいていても指導部が怖くてものも言えない空気が蔓延していたとしたらさらに深刻だ。

ウクライナに残された中国人7000人

中国外交を見てきて最もあぜんとさせられたのが、2022年2月24日に始まったロシアのウクライナ侵攻をめぐる対応だ。米国は1年以上前からロシア侵攻のリスクを把握し、日本や欧州だけでなく、中国にもくり返し伝えてきた。

2022年2月の侵攻前には、米国のインテリジェンスを信じて日本や欧州の主要国はウクライナにいる自国民に退避勧告を出した。2月中旬には退避を事実上終えていた。

対照的な対応を取ったのが中国だった。たとえば侵攻2日前の中国外交部の記者会見で、「ウクライナに駐在する中国大使館のスタッフは全員大使館にいるのか。ほかの公的機関はどうか」との記者の質問に、汪文斌副報道局長はこう答えている。

「ウクライナ東部情勢に重大な変化が起きた。中国大使館はすでに在留中国公民と企業に対し安全を守るよう注意喚起した。中国外務省と大使館は引き続き在留中国公民、企業と緊密に連絡を取り、領事保護・支援を迅速に行い、その安全と正当な権益を確実に守る」。あとでわかることだが、事実上何もしていなかった。

恥を忍んで白状するが、じつはこのときまで筆者も中国の判断が正しいのではないかと考えていた。ロシアの侵攻はないのではないか。なぜならウクライナ侵攻の直前に習近平氏がプーチン氏と会談していたためだ。2022年2月4日の北京冬季五輪の開幕式に合わせてプーチン氏を主賓として招待し、食事会まで開いている。共同声明では「上限のない協力」を謳ったばかりだった。

その中国が2月下旬になっても自国民をウクライナから避難させていないということは、ロシアの侵攻は「脅し」ではないかと推理した。だがものの見事に外れた。

侵攻した当日の中国外務省の記者会見はやはり歴史に残る内容となった。「現在、どれだけの中国公民がウクライナにいるのか。彼らに何か最新の指示を出したか」との記者の問いかけに華春瑩報道局長はこう答えた。「具体的人数については現在まだ把握していない。中国大使館は安全注意情報を出した。中国人民には団結奮闘し、互いに助け合うよい伝統がある。困難に遭遇したら、助け合うことを希望する。大使館は全力で支援する」

侵攻が始まっても中国が何の手も打っていなかったことがわかる。現地で団結して助け合えとはあまりに無責任な言い方だ。のちにウクライナに7000人以上の中国人が取り残されていたことが判明する。ロシアと蜜月を謳う中国はウクライナ侵攻をめぐる情報を何もとれていなかったことが、白日のもとにさらされてしまった。

ダイナミズムを欠く組織体質

再び『失敗の本質』に戻る。同書は3つ目の失敗パターンとして「自己革新が起こらないダイナミズムを欠く組織体質」を挙げる。日本軍の最大の過ちは「言葉を奪ったこと」だという。戦争のやり方が歩兵と艦隊から空母機動部隊や航空機、重火力に移っても内部で声が上がらず、イノベーションが起きなかった。組織の末端の情報やアイデア、問題提起が中枢につながることを促進する若くて柔軟な「青年の議論」が許されていなかったと指摘する。

海外メディアの報道によれば、米国はウクライナ侵攻のリスクをくり返し中国に伝えたが、「西側のバイアスがかかった情報」と顧みることはなかった。だが7000人以上もの自国民がウクライナに残されている以上、退避の方法は最低限検討しておくべきだった。

『失敗の本質』が指摘するいわゆる「青年の議論」がまるきり欠けていた。それが中ロ首脳会談で侵攻の情報をとれず→ゆえに侵攻はない、あってはならない→侵攻リスクにかかわる情報はすべて遮断——との判断に傾いていたとしたら、組織の病巣は深いと言わざるをえない。

「失敗の本質」から抜け出せなかった日本軍は、米国や中国との無謀な戦争に突入し、最後は無条件降伏まで追い込まれた。共産党が同じ病にかかっているとしたら、事態は深刻だ。東シナ海や南シナ海、台湾海峡で米国や日本、台湾と双方が予期せぬ衝突が待ち受けているかもしれない。

公務員試験に殺到する若者

ここから先は、いまの若者の視点から共産党が中国をどのような方向に導いているのかを見ていきたい。若者や女性ほど社会情勢の変化に敏感で、この国の未来を映し出す鏡となるためだ。

習近平氏を頂点とした共産党・国務院（政府）への権力が集中する状況を目の当たりにした若者は、民間企業への就職から公務員試験に殺到するように変わった。若者は自分の

国考の試験会場の入り口。入念な身分証確認が行われる（2023年1月8日、筆者撮影）

未来に真剣だ。リスクを恐れ、無難にやることが生き残る最善の道という風潮が、蔓延し始めている。

2023年1月7、8日に実施された国家公務員試験は、一部の職種の倍率は600倍に達した。習近平指導部がIT（情報技術）企業などへの締めつけを強化し、民間企業離れが広がっていることが影響している。

1月8日朝、氷点下の寒空のもと、厚手のダウンを着込んだ学生らが北京市内の試験会場に詰めかけた。『公務員試験で必ず見るべきポイント集』を片手に会場に駆け込む女性も見られた。周辺は交通規制が敷かれ、入口付近の道路には複数の公安（警察）車両が配備。物々しい雰囲気のなか、午前

中国国家公務員試験の応募者数

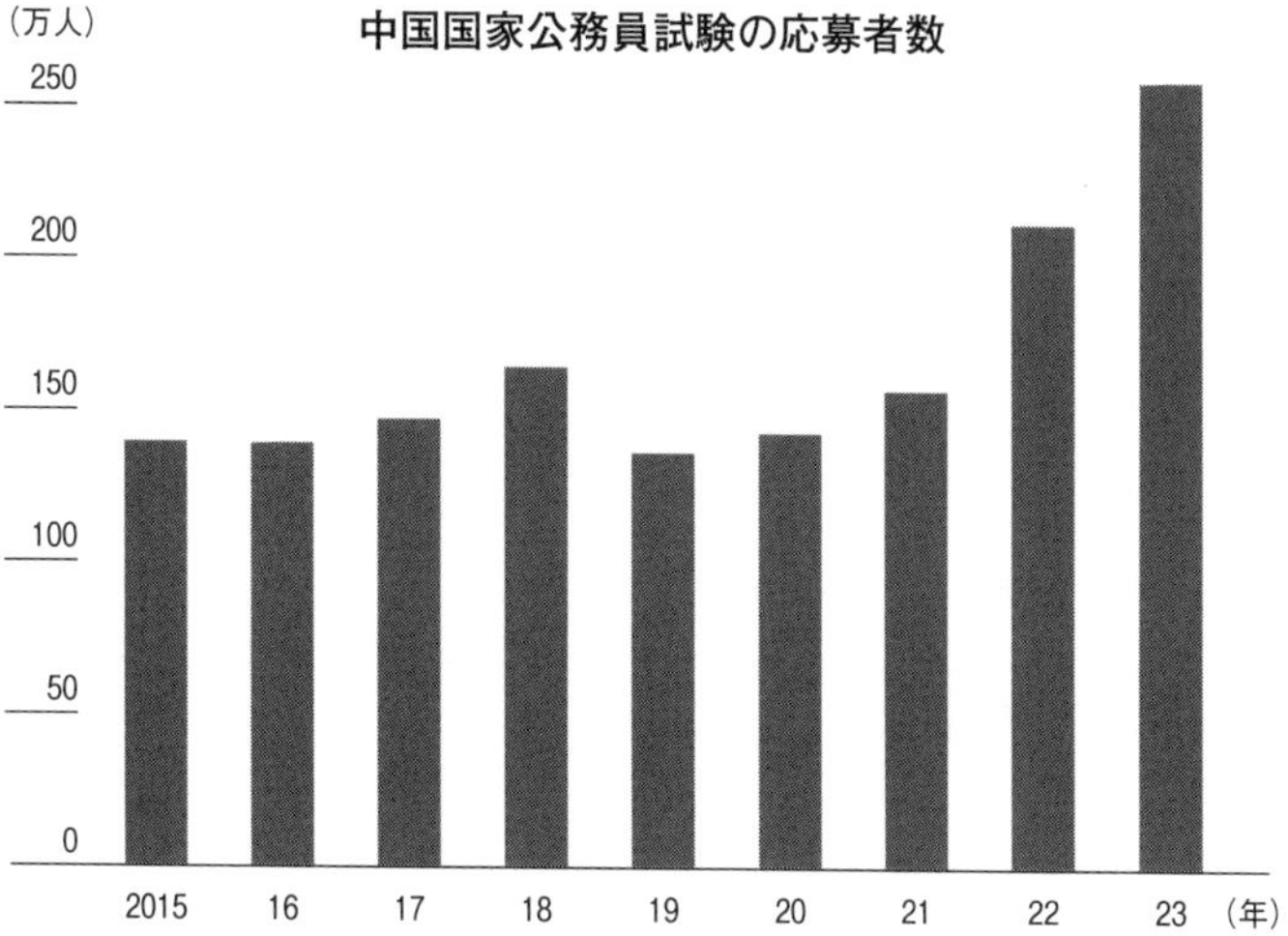

（出所）中国メティアなど

9時（日本時間午前10時）に試験は始まった。

第3章で触れたように、中国の中央機関とその直属機関で働く国家公務員を登用する試験は「国考《グオカオ》」と呼ばれる。激しい競争で知られる共通大学入試試験「高考《ガオカオ》」と並び、中国を代表する試験の一つとして知られる。

2023年は3・7万人の募集に対して、約259万人が応募した。これは2012年に習近平指導部が発足して以来、最も多い。4年連続で採用枠を広げたにもかかわらず、競争倍率は70倍と最高水準となった。ちなみに日本の国家公務員採用試験（総合職、いわゆるキャリア）の競争倍率は8倍強で、そのはるか上をいく。

2023年の試験では中国西部の青海省

の税務署採用枠1人に全国から約6000人の若者が応募し、話題をさらった。2022年は、標高が高く生活環境が最も厳しい地域として知られるチベット自治区の郵便局の採用枠1人に約5000人が応募した。チベットは共産党が有望な党員を修行させる場として派遣していた地域だ。いまはその過酷な地域に若者が安定を求めて職探しをしている。

「科挙より難しい」との声も

中国は清朝まで約1300年間にわたって官僚登用試験「科挙」を実施してきた。科挙の最高倍率は最盛期で約3000倍だったとする説がある。ネット上では「国考と科挙はどちらが難しいのか」と議論が交わされるようになった。

公務員人気の背景には、習近平指導部の国有企業などの公的部門の育成を優先する「国進民退」政策が影響している。習氏は2022年10月の共産党大会で「国有資本と国有企業がより強く、よりよく、より大きくなるように後押しする」と表明した。

一方、習指導部は2021年以降、アリババ集団傘下の金融会社アント・グループや中国配車アプリ最大手の滴滴出行などを法令違反で相次ぎ処罰した。中国のすべてを指導する共産党がこれまで手が及びにくかったIT企業の掌握に乗り出したとの観測が広がった。

2023年1月7日には、アリババ集団の創業者、馬雲氏がアントの実質支配株主から事実上追い出された。同氏は中国の起業家を代表する立志伝中の人物の一人だ。当局ににらまれると、あの馬雲氏でさえ排除されかねない――。若者らの間ではこうした失望感が広がる。

民間企業を取り巻く環境は厳しい。感染を徹底的に抑え込むゼロコロナ政策で不動産や金融業、小売りなど多くの企業の業績が圧迫された。同政策はようやく解除されたが、今度は不景気の波が民間企業を襲う。

東北地方の有名大学に在籍する宋さんは公務員試験の受験を準備中だ。「新型コロナウイルスの流行で考え方が大きく変わった。安定第一で就職活動をしたい」と話す。北京市の学生は「高い賃金はいらない。仕事がなくならない安心感がほしい。公務員が不合格なら国有企業を考える」と話す。若者と議論して感じたのは、やはり「仕事の安定」が第一ということ。若者の失業率は20%前後で高止まりしている。閉塞する中国経済に失望した若者らは、「寄らば大樹の陰」とばかりに公務員の門をたたく。

希望がもてない「恐婚族」

若者の間では就職観だけでなく、結婚観も大きく変化している。一言で言えば将来への不安から結婚する男女が激減している。2021年で結婚組数は763万組と前年比で6・3%減少。10年前に比べると4割強も減っている。都市部に住む女性の経済的自立が進み、結婚の必要性を感じなくなっているのが大きな理由だ。少子高齢化や人口減につながりかねないだけに習近平指導部も危機感を強め、共産党の機関紙が異例の〝介入〟に動く事態となっている。

2021年の結婚組数は、統計でさかのぼれる1986年以降で最も少なくなった。過去最低を更新するのは2年連続。とくに2020年は新型コロナウイルスの感染拡大に伴う影響などで、前年比で100万組以上減った。2022年も上向く兆しはみえない。結婚組数のピークは2013年の1346万組。習近平氏が2013年に国家主席に就いて以降、右肩下がりのグラフを描いている。

日本に留学後、北京で仕事を始めた30代女性の王さんは就学年齢未満の子どもがいるが、結婚歴はなく独身だ。「北京の実家で両親が子どもの世話をしてくれる。経済的に問題なく暮らしており、夫の必要性を感じたことはない」と話す。中国では祖父母が孫の世話を

中国の年間結婚組数

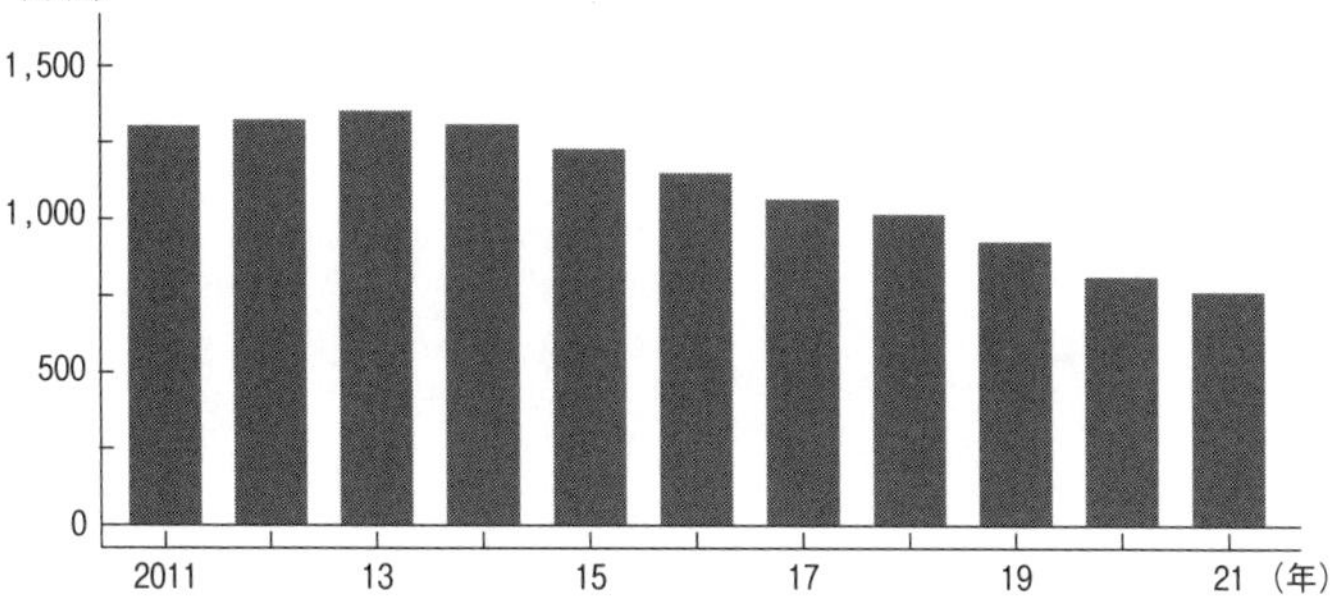

（出所）筆者集計

する習慣があることも「夫不要論」につながりやすい。いまのところ第2子をつくる予定はない。

中国ではすでに若い女性らの間で、結婚の失敗を恐れる「恐婚族」という言葉が定着している。対照的に農村や地方に住む男性は、結婚して妻に家業を手伝わせたり、子どもに後を継がせたりしたいという願望が強い。このギャップは広がるばかりだ。

中国では結婚や出産、育児をめぐる夫婦間の葛藤を描いたテレビドラマ「親愛なる子ども」が論争を呼んだ。仲むつまじかった若い夫婦が出産を機に関係が暗転、両親の家庭への関与や育児の負担、子どもの病気の治療をめぐり言い争う場面がこれでもかと描かれている。

こんなドラマを見せては若者を結婚からますます遠ざけてしまうと心配したのだろう。中国共産党の機関紙「人民日報」電子版は2021年4月11日に「不安を売る作品は程ほどにせよ」とする評論記事を流した。「家庭内の衝突や矛盾をこれほど多く描くのは適切ではないとの意見がある」とも指摘。中国のドラマはすべて放映前に共産党宣伝部の厳しい検閲を経ている。放送開始後に介入するのは異例だ。

ところが事態はこれだけにとどまらなかった。「人民日報」の評論を読んだネット民が「こんなのはふつうの光景にすぎない」「現実はもっと悲惨だ」と猛反発。かえって火に油を注ぐ騒ぎになった。

結婚組数の減少は将来の出産や人口減にも直接響いてくるが、共産党の力で押し上げるのは容易ではない。そこで習近平指導部は、結婚を増やすのではなく離婚を防ぐ「奇策」に乗り出した。

離婚手続きの申請後、30日以内は「冷静になるための期間」として取り下げられるようにして、衝動的な離婚を防ぐようにした。30日後に夫婦双方が離婚証の発給を申し出ない場合も、離婚手続きの申請を取り下げたとみなすことにした。このルールは2021年に始まり、同年の離婚組数は213万件と前年比でほぼ半減した。

ひとまず効果はあったようだが、共産党が最も懸念する出生数の減少には歯止めがかからない。2022年の出生数は前年比106万人減の956万人だった。6年連続の減少で、1949年の建国以来の最少となったとみられる。

中国メディアの「中国新聞網」は2021年にネットに掲載した論評記事で「いかなる共産党員も非婚や子どもを産まないための弁明をしてはならず、子どもを1、2人だけ産むことにもいかなる弁明もしてはならない」と主張した。「すべての共産党員は、国家の人口成長に対する義務と責任を負わなければならず、3人まで出産を容認する政策にしたがって行動しなければならない」と強調した。

また「年齢や健康問題により子どもを産めない党員は、家族と友人たちが積極的に子どもを3人もつことができるよう教育し案内し支援しなければならない」とし「家族や友人が結婚していなかったり出産していなかったりする場合や、何の理由もなく子どもを1、2人しか産まない場合、そのままにしていてはならない」と伝えた。この論評記事もネットで猛反発を招き、撤回に追い込まれている。

2021年、共産党はすべての夫婦に3人目の出産を認めたが、結婚さえ望まない若者が増えている状況では「焼け石に水」だ。少子高齢化は日本や韓国なども抱える深刻な問題だ。民主主義国ではいったん高齢化が進むと票数でまさる高齢者の意見がより政治に反映されやすくなり、若い人のための少子化対策はますます後手に回ってしまう悪循環に陥る。だが一党支配型の共産党はよくもわるくも違う。周辺諸国を驚かせるような起死回生策を打てるのか、塾規制のような現場軽視の政策を乱発して国内の混乱を深めるのか。共産党の本領が問われている。

党規約が破られるとき

共産党はこれからどこに向かうのか。指標になるのはやはり党規約の行方だ。党規約は鄧小平時代に抜本的な改正がなされている。毛沢東への個人崇拝が強まり文化大革命を招いてしまった反省をもとに、党規約に個人崇拝の禁止（第10条の6）、集団指導体制の維持（第10条の5）、終身制の禁止（第38条）を盛り込んでいる。鄧小平はこの三項を盛り込むことで、毛沢東が終身手放さなかった「党主席制」が復活しないように封じ込めた。

2022年の第20回党大会で、党規約が大幅に改正され、三項目をなくし党主席制が復活するとの観測が根強くあった。筆者もそういう見方をしてきた。痕跡はたしかにあった。党大会前年の2021年の共産党の重要会議、第19期第6回中央委員会全体会議（6中全会）で、習近平氏は毛沢東と鄧小平に続く史上3度目となる「歴史決議」をやった。歴史決議は過去の政治路線や思想を振り返り、新たな方針を示す極めて重要な文書だ。習近平氏がまとめた歴史決議では前述の三項目がすっぽりと消えていたのだ。党主席制への封印を解いたとみていた。

だが実際はそうはならなかった。党規約には習近平氏を党の核心的な地位として「擁護」する文言が盛り込まれたが、習近平氏の核心的な地位と思想の指導的な地位を確立する「2つの確立」でさえ入らなかった。習近平氏の政治思想を「毛沢東思想」と同じように短く「習近平思想」として権威を高める案も取り沙汰されたが実現しなかった。

一説には、党大会で退場劇を演じた胡錦濤氏らが習近平氏の個人崇拝に強く反対してとめたといわれている。胡錦濤氏も鄧小平に見出された人物で、ありうる話だ。党規約の改正案の裁決は挙手で行われる。習近平氏の隣に座った胡錦濤氏が堂々と反対を表明すれば習近平氏の権威は大きく傷つく。そのために連れ出したとの解釈もあった。いずれにせよ習近平氏は不満だったに違いない。

だが習近平氏は党規約の改正で一歩引く代わりに人事で完全勝利した。習近平氏をのぞく最高指導部6人は全員を側近やイエスマンで固めた。2027年の第21回党大会でいよいよ大がかりな党規約改正に乗り出す勢いだ。

反対しそうな党の青年組織、共産主義青年団（共青団）のメンバーも駆逐した。「健康不安」といわれた胡錦濤氏も行動を封じられるだろう。党規約が合法的に破られるとき、それは共産党の終わりの始まりかもしれない。

おわりに

日本経済新聞社をはじめとする各報道機関で働く尊敬する記者や、気鋭のジャーナリスト、共産党の歴史を長年研究している学者らに筆者の力が及ぶべくもなく、それでも語学研修時代をはじめとする奇妙な体験や経験をなんとか形に残しておきたいと思い、本書を書き始めた。

２０１９年に北京に赴任後も中国側の取材拒否は当たり前で、取材をためらわせるような事態にも何度も出くわした。そのたびにどうして彼らはこうも防御的で、うたぐり深く、秘密主義なのか、興味が尽きなかった。共産党とは何なのか、その組織原理に迫ってみたいと思うようになった。

共産党幹部への接触も容易ではないなかで、一つのよりどころにしたいと考えたのが党規約だった。

党規約は5年おきの党大会のたびに部分改正されるが、党の組織運営に関わる部分を中心に不変の条文も多い。わずか50条あまりの条文には共産党の血と汗と涙が詰まっている。自分が中国で経験したことをもとに、党規約というヒントを得ながら共産党の本質に迫ろうとしたのが本書である。

中国赴任を終えて、共産党は党の成り立ちから守りの意識が強く、まじめがすぎ、かつとても不器用な集団だと改めて感じる。うまく相手を立てたり、お互いの顔が立つ解決方法を考えたりするのがとても苦手だ。内なる意識が優先して説明しようという意識もないため外部との摩擦が絶えない。

そんな中国も2010年代ごろまで経済の高成長が矛盾を覆い隠してくれていた。すでに低成長時代に移り、だんだんその余裕はなくなっている。共産党は鄧小平以降、改革開放を進めてきた。かつての中国はたしかにおおらかさがあり、それが多くの日本人をひき付けた。

いまは秘密主義の強い内向きの組織に先祖返りしつつあると感じる。これから「大きな北朝鮮」のような国になってしまうのではないか。中国が本格的に衰退に向かうとき、共産党のもつ「外敵」への警戒感が高まり、より周辺に攻撃的になるのではないかと懸念する。

旅行先や友人を通して出会った中国人はいずれもおおらかで、屈託のない笑顔が印象に残る魅力的なひとたちばかりだった。日本が大好きな若者にも数え切れないほど出会った。相互理解のチャンスはまだそこかしこにある。

日中双方がお互いを傷つける時代が二度と来ないように微力を尽くしたいと思う。

本書の出版に当たっては、日経BPの堀口祐介氏に大変お世話になった。北京赴任前に「特派員として行く以上、本を書くつもりで取材しなさい」と背中を押してくださった内山清行政治部長（当時）、本を書くときの心構えや手法を教えていただいたコメンテーターの秋田浩之氏にはとくに感謝している。最後まで読んでいただきありがとうございました。

羽田野　主

2023年7月

主要参考文献（かっこ内は主に参照した章）

【中国語】

『中国共产党党员实用手册』中共中央党校出版社、２０２２（第1章、第2章、第3章、第6章）
『中国共产党简史』人民出版社、２０２１（第1章）
『毛泽东选集』人民出版社（第1章）
『红色景区』北京出版集团公司、２０１９（第1章）
『包惠僧回忆录』人民出版社、１９８３（第1章）
『中国共产党的一百年』中共党史出版社、２０２２（第1章）
『入党教材』党建读物出版社、２０１７（第1章、第3章）
『毛泽东传　（１８９３—１９４９）』由中共中央文献研究室编撰、金冲及主编、中央文献出版社、１９９６（第1章、第3章）
『文献中的百年党史』李颖、学林出版社、２０２１（第1章）
『中国共产党北京历史』北京出版社、２０１９（第1章）
『中国民生发展报告２０１５』北京大学、２０１５（第3章）
『中国共产党历次党章汇编』中国方正出版社、２０１９（第3章）

『党支部工作 实用图解』人民出版社、2022（第3章）
『中国的粮食安全白皮书』国务院新闻办公室、2019（第5章）
『全国土壤污染状况调查公报』环境保护部・国土资源部、2014（第5章）
『社区书记谈 基层党建』中共中央党校出版社、2021（第6章）

【日本語】

『中国共産党、その百年』石川禎浩、筑摩選書、2021（第1章）
『北京歴史散歩』竹中憲一、竹内書店新社、2002（第1章）
『富強中国の源流と未来を考える』濱本良一、霞山アカデミー新書、2022（第1章、第3章）
『中国共産党を作った13人』譚璐美、新潮新書、2010（第1章）
『巨大中国を動かす紅い方程式　モンスター化する9000万人党組織の世界戦略』中川コージ、徳間書店、2021
『鄧小平秘録（上・下）』伊藤正、文春文庫、2012（第2章）
『毛沢東語録』毛沢東、平凡社ライブラリー、1995（第2章）
『現代中国の軍事指導者』平松茂雄、勁草書房、2002（第2章）
『中国人民解放軍　2050年の野望』矢板明夫、ワニブックス、2019（第2章）
『中国はなぜ軍拡を続けるのか』阿南友亮、新潮選書、2017（第2章）

『中国共産党　世界最強の組織』西村晋、星海社、2022（第3章）
『中国――とっくにクライシス、なのに崩壊しない〝紅い帝国〟のカラクリ』何清漣、程暁農、ワニブックスPLUS新書、2017年（第3章）
『習近平vsトランプ――世界を制するのは誰か』遠藤誉、飛鳥新社、2017（第4章）
日本経済新聞朝刊2面記事、2023年2月8日（第4章）
『党と農民　中国農民革命の再検討』高橋伸夫、研文出版、2006（第5章）
『中国養豚産業の構造変化とICTを利用した農家の経営支援』阮蔚、農林中金総合研究所、2019（第5章）
日本経済新聞朝刊1面記事、2021年12月19日（第5章）
『中国は、いま』国分良成編、岩波新書、2011（第6章）
『中国の行動原理』益尾知佐子、中公新書、2019（第6章）
『失敗の本質――日本軍の組織論的研究』戸部良一ら、中公文庫、1991（第6章）
日本の主要紙・通信社（朝日新聞、毎日新聞、読売新聞、産経新聞、共同通信、時事通信、西日本新聞）記事
中国メディア（人民日報、新華社、雑誌「求是」など）

中国共産党規約（中国共産党第二十回党大会にて一部改正、二〇二二年十月二十二日採択）

総綱

中国共産党は中国労働者階級の先鋒隊であると同時に中国人民と中華民族の先鋒隊であり、中国の特色ある社会主義事業の指導的中核であり、中国の先進的生産力の発展の要請を代表し、中国の先進的文化の前進方向を代表し、中国の最も広範な人民の根本的利益を代表する。党の最高の理想と最終の目標は共産主義の実現である。

中国共産党はマルクス・レーニン主義、毛沢東思想、鄧小平理論、「三つの代表」重要思想、科学的発展観、習近平の「新時代の中国の特色ある社会主義」思想を自らの行動指針と定める。

マルクス・レーニン主義は人類社会の歴史の発展法則を明らかにしており、その基本原理は正しく、強大な生命力をもっている。中国共産党員が追求する共産主義という最高の理想は、社会主義社会が十分に発展し、高度に発達した基盤があってはじめて実現できる。社会主義制度の発展と改善は長期にわたる歴史的過程である。マルクス・レーニン主義の基本原理を堅持し、中国人民が自らの意思で選択した中国の国情に適った道を歩むならば、中国の社会主義事業は必ずや最終的勝利を収めるであろう。

毛沢東同志を主な代表とする中国共産党員は、マルクス・レーニン主義の基本原理を中国革命の具体的実践と結びつけて、毛沢東思想を確立した。毛沢東思想は、マルクス・レーニン主義を中国で運用し発展させたものであり、実践によって立証された中国の革命と建設の正しい理論的原則と経験のまとめであり、中国共産党の集団的英知の結晶である。毛沢東思想の導きのもと、中国共産党は全国各民族人民を指導して帝国主義・封建主義・官僚資本主義に反対する長期にわたる革命闘争を経て新民主主義革命で勝利を収め、人民民主主義独裁の中華人民共和国を樹立した。新中国成立後、社会主義的改造を順調に進め、新民主主義から社会主義への移行を完了し、社会主義の基本制度を確立し、社会主義の経済・政治・文化を発展させた。

十一期三中全会以来、鄧小平同志を主な代表とする中国共産党員は、新中国成立以来の成功と失敗の両方の経験を総括したうえで、思想を解放し、事実にもとづいて真理を追究することを旨として、全党の活動の中心を経済建設に移して改革開放を実行し、社会主義事業の発展の新たな時期を切り開き、中国の特色ある社会主義を建設する路線・方針・政策を逐次形成し、中国での社会主義建設、社会主義の定着・発展に関する基本問題を解明し、鄧小平理論を確立した。鄧小平理論はマルクス・レーニン主義の基本原理を現代中国の実践および時代の特徴と結びつけた産物である。またそれは、新たな歴史的条件のもとで毛沢東思想を継承し発展させたものであり、中国でのマルクス主義発展の新段階であり、現代中国のマルクス主義であり、中国共産党の集団的英知の結晶であり、わが国の社会主義現代化事業の絶え間ない前進を導いた。

十三期四中全会以来、江沢民同志を主な代表とする中国共産党員は、中国の特色ある社会主義を建設する実践のなかで、社会主義とは何か、どのように社会主義を建設するか、どのような党を建設すべきか、どのように党を建設するかについての認識を深め、党統治・国家統治の新しい貴重な経験を積み、「三つの代表」重要思想を形成した。「三つの代表」重要思想はマルクス・レーニン主義、毛沢東思想、鄧小平理論を継承し発展させたものであり、現代の世界と中国の発展・変化が党と国家の仕事に求めている新たな要請を反映するものであり、党建設を強化・改善し、わが国の社会主義の自己改善・自己発展を推進する強大な理論的武器であり、中国共産党の集団的英知の結晶であり、党が長期にわたって堅持すべき指導思想である。「三つの代表」を終始貫くことは、わが党の立党の基、執政の基礎、力の源である。

第十六回党大会以来、胡錦濤同志を主な代表とする中国共産党員は、鄧小平理論と「三つの代表」重要思想を導きとすることを堅持し、新たな発展の要求にもとづいて、新しい情勢のもとでどのような発展を実現し、どのようにして発展を成し遂げるかなどの重要な問題を深く認識し、それに答えを出し、人民の利益を第一に考えることを旨とする、全面的で調和のとれた、持続可能な発展を目指す科学的発展観を形成した。科学的発展観はマルクス・レーニン主義、毛沢東思想、鄧小平理論、「三つの代表」重要

思想と同じ流れをくみ、時代とともに前進する科学的理論であり、マルクス主義の発展に関する世界観と方法論を集中的に具現化したものである。また、それはマルクス主義の中国化における重要成果であり、中国共産党の集団的英知の結晶であり、中国の特色ある社会主義を発展させるために長期にわたって堅持しなければならない指導思想でもある。

第十八回党大会以来、習近平同志を主な代表とする中国共産党員は、マルクス主義の基本原理を中国の実情と、中華の優れた伝統文化とを結びつけることを堅持し、新時代において、どのような中国の特色ある社会主義を堅持し発展させるのか、どのようにして中国の特色ある社会主義を堅持し発展させるのかなどの重要な時代的課題に科学的に答え、習近平の「新時代の中国の特色ある社会主義」思想を確立した。同思想は、マルクス・レーニン主義、毛沢東思想、鄧小平理論、「三つの代表」重要思想、科学的

発展観を継承し発展させたものである。現代中国のマルクス主義であり、二十一世紀のマルクス主義であり、中華文化と中国精神の時代の精華であり、党と人民の実践経験と集団的英知の結晶であり、中国の特色ある社会主義理論体系の重要な構成部分であり、全党と全国人民が中華民族の偉大な復興の実現に向けて奮闘するうえでの行動指針であり、長期にわたって堅持しかつ不断に発展させるべきものである。習近平の「新時代の中国の特色ある社会主義」思想の導きのもと、中国共産党は全国各民族人民を指導して偉大な闘争、偉大なプロジェクト、偉大な事業、偉大な夢を統括し、中国の特色ある社会主義を新時代に突入させ、一つ目の百周年の奮闘目標を達成したうえで、二つ目の百周年の奮闘目標の実現に向けて新たな征途についている。

改革開放以来、われわれがすべてにおいて成果を上げ進歩を遂げることができた根本的原因は、一言でまとめると、中国の特色ある社会主義の道を切り開き、中国の特色ある社会主義の理論体系を構築し、中国の特色ある社会主義制度を確立し、中国の特色ある社会主義文化を発展させたことにある。全党の同志は、党があまたの苦難に耐え抜いて切り開いたこの道、この理論体系、この制度、この文化をよりいっそう大切にし、長期にわたって堅持し、不断に発展させていかなければならず、中国の特色ある社会主義という偉大な旗印を高く掲げ、道・理論・制度・文化への自信を固め、闘争の精神を発揚し、闘争の能力を高め、党の基本理論・基本路線・基本方針を貫徹し、「現代化建設の推進」「祖国統一の実現」「世界平和の擁護と共同発展の促進」という三つの歴史的任務を実現し、二つ目の百周年の奮闘目標を実現し、中華民族の偉大な復興という中国の夢の実現のために奮闘しなければならない。

中国共産党は結党以来、終始一貫して中国人民の幸福を追求し、中華民族の復興の追求を自らの初心・使命とし、百年の奮闘を経て、中国人民の前途・運命を根本的に変え、中華民族の偉大な復興の実現に向けた正しい道を切り開き、マルクス主義の強い生命力を示し、世界の歴史的過程に深く影響を与え、時代の先頭を歩む中国共産党を鍛え上げた。長い実践のなかで、党の指導や人民至上、理論の革新、独立自主、中国の道、世界のためを思うこと、開拓・革新、果敢に闘うこと、統一戦線、自己革命を堅持するという貴重な歴史的経験を積み上げた。これらの経験は党と人民がともに創造した精神的財産であり、特別に大切にして長期にわたって堅持し、実践のなかで絶えず豊かにし、発展させていかなければならない。

わが国はいまもなお、そしてこれからも長期にわたって社会主義の初級段階にある。この段階はもともと経済・文化の立ち遅れた中国で社会主義現代化建設を進めるにあたって飛び越えることのできない歴史的段階であり、百年以上の時間が必要である。わが国の社会主義建設は、わが国の国情から出発し、中国の特色ある社会主義の道を歩み、中国式現代化をもって中華民族の偉大な復興を全面的に推し進めなければならない。現段階におけるわが国の主要な社会矛盾は、人民の日増しに増大するよりよい生活への需要と発展の不均衡・不十分との矛盾である。国内要因と国際情勢の影響によって、階級闘争はまだ一定の範囲内で長期にわたって存在し、ある条件のもとで激化する可能性もあるが、すでに主要な矛盾ではなくなっている。

わが国の社会主義建設の根本的任務は、生産力をいっそう解放し、発展させ、社会主義現代化を逐次実現し、またそのために生産関係と上部構造のなかにある生産力の発展に適応しない分野と部分を改革することである。公有制を主体とする多種類の所有制経済の共同発展、労働に応じた分配を主体とする多種類の分配方式の並存、社会主義市場経済体制などからなる基本的経済制度を堅持し充実させ、一部の地域と一部の人が先に豊かになることを奨励し、段階的に全人民の共同富裕を実現し、生産の発展と社会の富の増大を踏まえて人民の日増しに増大するよりよい生活への需要を絶えず満たし、個々人の全面的な発展を促進しなければならない。人民の発展は党の執政・興国の最重要任務である。人民を中心とする発展思想を堅持し、新たな発展段階をとらえ、革新・協調・グリーン・開放・共有という新たな発展理念を貫徹し、国内大循環を主体として国内・国際循環が相互に促進し合う新たな発展の形の構築を加速し、質の高い発展を推進しなければならない。諸般の活動は、社会主義社会の生産力の発展に有利かどうか、社会主義国の総合国力の増強に有利かどうか、人民の生活水準の向上に有利かどうかを全般的な出発点とし、検証の基準にしなければならない。労働、知識、人材、創造を尊重し、人民のための発展、人民に依拠した発展、人民の間での発展の成果の共有を実現しなければならない。中国の特色ある社会主義事業の「五位一体」の全体的配置と「四つの全面」の戦略的配置に従って経済建設・政治建設・文化建設・社会建設・生態文明建設を統一的に推し進め、社会主義現代化国家の全面的建設、改革の全面的深化、全面的な法にもとづく国家統治、全面的な厳しい党内統治をバランスよく推進しなければならない。新時代の新征途における経済・社会の発展の戦略目標は、二〇三五年までに社会主義現代化を基本的に実現し、今世紀半ばまでにわが国を社会主義現代化強国に築き上げることである。

中国共産党の社会主義初級段階における基本路線は、全国各民族人民を指導し団結させ、経済建設を中心とし、四つの基本原則を堅持し、改革開放を堅持し、自力更生・刻苦精励によって、わが国を富強・民主・文明・調和の美しい社会主義現代化強国を築き上げるために奮闘することである。

中国共産党は社会主義事業を指導するなかで、経済建設を中心とし、その他の諸活動をすべてこの中心に従わせ、奉仕させなければならない。科学・教育による国家振興の戦略、人材による国力増強戦略、革新駆動型発展戦略、農村振興戦略、地域間の協調発展戦略、持続可能な発展戦略、軍民融合発展戦略を実施し、第一の生産力としての科学技術の役割を十分に発揮させ、第一の資源としての人材の役割を十分に発揮させ、発展をリードする第一の原動力としての革新の役割を十分に発揮させ、科学技術の進歩に依拠し、勤労者の資質を向上させ、国民経済の質・効率のより高い、より公平で持続可能な、より安全な発展を促進しなければならない。

社会主義の道を堅持し、人民民主主義独裁を堅持し、中国共産党の指導を堅持し、マルクス・レーニン主義と毛沢東思想を堅持するという四つの基本原則は、われわれの立国の基である。社会主義現代化建設の全プロセスにおいて、四つの基本原則を堅持し、ブルジョア階級の自由化に反対しなければならない。

改革開放を堅持することは、われわれの強国への道である。改革開放こそ、中国を発展させ、社会主義を発展させ、マルクス主義を発展させることができる。改革を全面的に深化させ、中国の特色ある社会主義制度を充実・発展させ、国家統治体系・統治能力の現代化を推し進めなければならない。生産力の発展を束縛する経済体制を根本的に改革し、社会主義市場経済体制を堅持し充実させなければならない。それにあわせて、政治体制の改革とその他の分野の改革も行わなければならない。対外開放の基本国策を堅持し、人類社会がつくり出したすべての文明の成果を吸収し参考にしなければならない。改革開放は果敢に模索し、勇敢に開拓し、改革の政策決定の科学性を高め、改革の系統性・全体性・調和性をいっそう重視し、実践のなかで新しい道を切り開くものでなければならない。

中国共産党は人民を指導して社会主義市場経済を発展させる。公有制経済をいささかも揺らぐことなくうち固め発展させる一方で、非公有制経済の発展をいささかも揺るぐことなく奨励・支援・リードする。資源配分において市場に決定的役割を果たさせ、政府の役割をよりよく発揮させ、整ったマクロコントロール体系を構築する。都市と農村の発展、地域間発展、経済・社会の発展、人間と自然との調和のとれた発展、国内の発展と対外開放を統一的に考慮して経済構造を調整し、経済の発展パターンを転換し、供給側構造改革を推進する。新しいタイプの工業化・情報化・都市化・農業現代化の歩調のそろった発展を促進し、社会主義新農村を建設し、中国の特色ある新しいタイプの工業化の道を歩み、革新型国家と世界科学技術強国を建設する。

中国共産党は人民を指導して社会主義の民主政治を発展させる。党の指導、人民主体、法にもとづく国家統治という三者の有機的統一を堅持し、中国の特色ある社会主義政治の発展の道、中国の特色ある社会主義法治の道を歩み、社会主義の民主を拡大し、中国の特色ある社会主義法治体系を建設し、社会主義法治国家を構築し、人民民主主義独裁を強固なものにし、社会主義の政治文明を建設する。人民代表大会制度、中国共産党の指導する多党協力・政治協商制度、民族区域自治制度および末端の大衆自治制度を堅持し充実させる。より広範でより十分でより健全な全過程の人民民主を発展させ、協商民主の幅広い発展、多層的な発展、制度化の発展を推し進め、人民が国の事務と社会の事務を管理し、経済・文化の事業を管理する権利を確実に保障する。人権を尊重し保障する。意見発表のチャネルを広げ、民主的選挙、民主的協商、民主的政策決定、民主的管理、民主的監督の制度・手続きを確立し充実させる。中国の特色ある社会主義の法体系を充実させ、法律の実施に関する取り組みを強化し、国の諸活動の法治化を実現する。

中国共産党は人民を指導して社会主義の先進的文化を発展させる。社会主義の精神文明を建設し、法にもとづく国家統治と徳による国家統治との結合を実行し、全民族の思想・道徳的資質と科学・文化的資質を高めて、改革開放と社会主義現代化建設のために思想面から力強く保証し、改革開放と社会主義現代化建設に強力な精神的原動力と知的支援を提供し、社会主義文化強国を建設する。社会主義の核心的価値体系の建設を強化し、マルクス主義の指導思想を堅持し、中国の特色ある社会主義の共通の理想を確立し、愛国主義を中核とする民族精神および改革・革新を中核とする時代精神を高揚させ、社会主義の核心的価値観の育成・実践に取り組み、社会主義の栄辱観を唱導し、民族の自尊心、民族の自信、民族の自己向上精神を強め、資本主義と封建主義の腐敗した思想の侵食を防ぎ止め、さまざまな社会の醜い現象を一掃し、わが国人民が理想、道徳、教養、規律ある人民となるよう努める。党員に共産主義の遠大な理想の教育を行う必要がある。教育、科学、文化事業の発展に大いに力を入れ、中華の優れた伝統文化の創造的転化、革新的発展を推し進めるとともに、革命の文化を受け継ぎ、社会主義の先進的文化を発展させ、国の文化的ソフトパワーを高める。イデオロギー関連活動の指導権をしっかりと握り、イデオロギー分野におけるマルクス主義の指導的地位を不断にうち固め、全党・全国人民が団結・奮闘するための共通の思想的基礎をうち固める。

中国共産党は人民を指導して社会主義調和社会を構築する。民主・法治・公平・正義・信義・友愛・活力の充満・安定・秩序・人間と自然の調和という全般的な要請および共同建設・共同享受の原則に則り、民生の保障と改善を重点とし、人民が最も関心をもち、人民にとって最も身近で、最も現実的な利益に関わる問題をしっかりと解決して、発展の成果がより多く、より公平に全人民に恩恵をもたらすようにし、人民大衆の獲得感を絶えずに強め、全人民がそれぞれの能力を発揮し、それぞれに得るところがあり、仲良く共存しあえるような状況をつくり出すことに努める。社会統治を強化し刷新する。敵味方の矛盾と人民内部の矛盾という性質の異なる二種類の矛盾を厳格に区別し、正しく処理する。社会の治安面の総合対策を強め、国の安全と利益を害し、社会の安定と経済の発展を害するさまざま犯罪行為と犯罪者を法にもとづいて断固取り締まり、社会の長期的安定を維持する。総体的国家安全保障観を堅持し、発展と安全を統一的に考慮し、国家の主権・安全・発展の利益を断固として守る。

中国共産党は人民を導いて社会主義の生態文明建設に取り組む。自然を尊重し、自然に順応し、自然を保護するという生態文明の理念を打ち立て、緑の山河は金山・銀山にほかならないという意識を高め、資源節約・環境保護という基本的国策を堅持し、節約優先・保護優先・自然回復を旨とする方針を堅持し、生産の発展、生活のゆとり、環境の保全を旨とする文明的発展の道を堅持する。資源節約型社会、環境にやさしい社会の建設に力を入れて、最も厳格な生態環境保護制度を実施し、資源節約と環境保護に適した空間構造、産業構造、生産方式、ライフスタイルをつくり出し、人民のために良好な生産・生活環境をつくり出し、中華民族の永続的な発展を実現する。

中国共産党は、人民解放軍とその他の人民武装力に対する絶対的指導を堅持し、習近平強軍思想を貫徹し、人民解放軍の建設を強化し、政治主導の軍隊建設、改革による軍隊強化、科学技術による軍隊強化、人材による軍隊強化、法にもとづく軍隊統治を堅持する。「党の指揮に従い、戦闘に勝利でき、優れた気風をもつ」人民軍隊を建設し、人民軍隊を世界一流の軍隊に築き上げる。人民解放軍が新時代の軍隊の使命・任務を効果的に遂行することを確実に保証し、人民解放軍の国防の強化、祖国の防衛はもとより、社会主義現代化建設への参加における役割を十分に発揮できるようにする。

中国共産党は平等・団結・互助・調和の社会主義の民族関係を守り発展させ、少数民族幹部を積極的に育成、選抜・登用し、少数民族と民族地区の経済、文化、社会事業の発展を手助けして、中華民族共同体の意識をしっかりと確立し、各民族がともに団結して奮闘し、ともに繁栄し発展するのを実現する。党の宗教活動の基本方針を全面的に貫徹し、信者大衆と団結して経済・社会の発展に貢献する。

中国共産党は全国各民族の労働者、農民、知識人と団結し、民主諸党派、無党派人士、各民族の愛国勢力と団結して、すべての社会主義の勤労者、社会主義事業の建設者、社会主義を擁護する愛国者、祖国の統一を擁護して中華民族の偉大な復興に尽力している愛国者からなる最も広範な愛国統一戦線をいっそう発展させ、拡大する。香港特別行政区の同胞、澳門特別行政区の同胞、台湾同胞および海外の華僑同胞を含めた全国人民の団結を絶えずに強化する。「一国二制度」の方針を全面的かつ正確に、揺るぐことなく貫徹して、香港・澳門の長期的な繁栄と安定を促し、「台湾独立」に断固として反対し、それを食い止め、祖国統一の大業を達成する。

中国共産党は独立自主の平和外交政策を堅持し、平和的発展の道と互恵ウィンウィンの開放戦略を堅持し、国内と国際という二つの大局を統一的に計画し、対外関係を積極的に発展させ、わが国の改革開放と現代化建設に有利な国際環境をつくるよう努力する。国際問題においては、平和・発展・公平・正義・民主・自由という全人類共通の価値を発揚し、道義を堅持し、経済的にウィンウィンの原則を厳守する正しい義利観を堅持し、わが国の独立と主権を守り、覇権主義と強権政治に反対し、世界の平和を守り、人類の進歩を促進し、人類運命共同体の構築を促し、恒久的に平和な、普遍的に安全な、共同繁栄する、開放的かつ包摂的な、清く美しい世界の建設を推し進める。主権および領土保全の相互尊重、相互不可侵、相互内政不干渉、平等互恵、平和共存の五原則を踏まえたうえで、わが国と世界各国との関係を発展させる。わが国と周辺諸国との善隣友好関係を不断に発展させ、発展途上国との連帯と協力を強化する。共同協議・共同建設・共同享受の原則に従い、「一帯一路」建設を推進する。独立自主、完全な平等、相互尊重、相互内部事情不干渉の原則にもとづいて、わが党と各国の共産党およびその他の政党との関係を発展させる。

中国共産党が全国の各民族人民を指導して二つ目の百周年の奮闘目標、中華民族の偉大な復興という中国の夢を実現するには、党の基本路線を中心に据えて、党の全面的指導を堅持・強化し、「党が党を管理し、党を全面的に厳しく統治する」方針を堅持し、「真理を堅持して理想を守り抜き、初心を貫いて使命をまっとうし、犠牲を恐れず勇敢に戦い、党に忠誠を尽くして人民の負托に応える」という偉大な建党精神を発揚し、党の長期的執政能力の建設と先進性・純潔性の建設を強化し、改革・革新の精神で党建設の新しい偉大なプロジェクトを全面的に推進し、党の政治建設を先導とし、政治建設・思想建設・組織建設・気風建設・規律建設を全面的に推し進め、その過程で制度建設を貫き、反腐敗闘争を深く推し進め、党建設の科学化レベルを全面的に高め、偉大な自己革命によって偉大な社会革命を導かなければならない。公のための立党、人民のための執政を堅持し、党の優れた伝統と気風を発揚し、党の指導レベルと執政レベルを絶えずに高め、腐敗変質防止・リスク対応能力を高め、自己浄化・自己改善・自己革新・自己向上の能力を不断に強化し、党の階級的基盤を絶えず強め、党の大衆的基盤を不断に拡大し、党の創造力・団結力・戦力を不断に高め、学習型・サービス型・革新型のマルクス主義政権党を建設することによって、わが党が終始時代の先頭に立って全国人民を指導し、中国の特色ある社会主義の道に沿って不断に前進する強固な核心となるようにする。党建設では次の六つの基本的要求を断固実現しなければならない。

第一に、党の基本路線を堅持する。全党は鄧小平理論、「三つの代表」重要思想、科学的発展観、習近平の「新時代の中国の特色ある社会主義」思想、党の基本路線によって思想と行動を統一し、かついささかも動揺せずに長期にわたって堅持しなければならない。改革開放と四つの基本原則を統一して党の基本路線を全面的に実行しなければならず、「左」と右のあらゆる誤った傾向に反対し、右にも警戒するが、主に「左」の誤りを防がなければならない。政治的判断力、政治的理解力、政治的執行力を高め、党の理論と路線・方針・政策を貫徹し実行するうえでの自覚と決意を強化しなければならない。

第二に、思想を解放すること、事実にもとづいて真理を追究すること、時代とともに前進すること、真実を求めて実践に励むことを堅持する。党の思想路線は、何事も現実に立脚し、理論と現実を結びつけ、事実にもとづいて真理を追究し、実践のなかで真理を検証し真理を発展させることである。全党はこの思想路線を堅持して積極的に模索し、大胆に実験し、開拓・革新を行い、活動を創造的に繰り広げ、絶えず新しい状況を検討し、新しい経験を総括し、新しい問題を解決し、実践のなかでマルクス主義を豊富にし発展させ、マルクス主義の中国化・時代化を推進しなければならない。

第三に、新時代の党の組織路線を堅持する。

習近平の「新時代の中国の特色ある社会主義」思想を全面的に貫徹し、組織体系建設を重点として、忠誠を尽くし清廉潔白を貫き責任を果敢に担う高い資質をもつ幹部の育成と愛国心・献身精神を備えた各分野の優秀な人材の集積に力を入れ、あくまでも才徳兼備・徳の優先・優れた人材のみの任用を堅持し、党の全面的指導の堅持・強化と中国の特色ある社会主義の堅持・発展のために強固な組織的保証をもたらす。全党は党組織の政治的機能と組織的機能を強化し、党と人民が必要とする優れた幹部を育成、選抜・登用し、時代の重責をまっとうする社会主義事業の後継者を数多く育成し、さらには天下の英才を集めて登用し、党の基本理論、基本路線、基本方針の貫徹・実行を組織面から保証しなければならない。

第四に、誠心誠意人民に奉仕することを堅持する。党には労働者階級と最も広範な人民の利益以外の独自の特別な利益は存在しない。党はどんな時も大衆の利益を第一に考え、大衆と苦楽を共にし、大衆と最も密接なつながりを保ち、人民のために権力を行使し、人民のことを念頭に置き、人民に利益をもたらすことを堅持するものであり、大衆から遊離し、大衆の上に君臨することはどんな党員にも許されない。わが党の最大の政治的優位性は大衆と密接に結びついていることであり、党が政権についた後の最大の危険は大衆からの遊離である。党の作風の問題、党と人民大衆とのつながりの問題は、党の生死存亡に関わる問題である。党は、自らの活動のなかで「すべては大衆のために、すべては大衆に依拠し、大衆の中から大衆の中へ」という大衆路線を実践し、党の正しい主張を大衆の自覚的な行動にしていく。

第五に、民主集中制を堅持する。民主集中制は民主を基礎とした集中と、集中の指導のもとでの民主を結びつけたものである。それは党の根本的な組織原則であり、大衆路線を党の生活のなかで運用したものでもある。党内民主を十分に発揚し、党員の主体的地位を尊重し、党員の民主的権利を保障し、各級の党組織と広範な党員の積極性と創意性を十分に発揮させなければならない。正しい集中を実行して、政治意識・大局意識・核心意識・一致意識をしっかりと確立し、習近平同志を核心とする党中央の権威と集中的・統一的指導をしっかりと守り、全党の団結・統一と行動の一致を保証し、党の決定が迅速かつ効果的に貫徹・実行されるのを保証しなければならない。党内政治生活を強化・規範化し、党内政治生活の政治性・時代性・原則性・戦闘性を強め、積極的かつ健全な党内の政治化を発展させ、清廉公正で良好な政治生態をつくる。党は、自らの政治生活のなかで批判・自己批判を正しく繰り広げ、原則問題では思想闘争を行い、真理を堅持し、誤りを是正する。集中も民主も、規律も自由も、統一的意志も個人ののびのびした気持ちもある、生き生きして活発な政治的局面をつくり出すよう努める。

第六に、厳しい党管理・党統治を堅持する。全面的な厳しい党内統治の道に終わりはない。党の自己革命の道に終わりはない。新しい情勢のもとで党が直面している執政の試練、改革開放の試練、市場経済の試練、外部環境の試練は長期的かつ複雑で深刻である。また、気の緩みの危険、能力不足の危険、大衆から遊離する危険、消極腐敗の危険が全党の行く手にますます大きく立ちはだかっている。厳格な基準と厳格な措置を党管理・党統治の全過程と各方面に貫かせなければならない。規律にもとづく党内統治、末梢と根本の兼治を堅持し、党内法規体系を不断に完全なものにし、規律を前面に押し出すことを堅持し、組織性と規律性を強化し、党の規律のもとでの平等を堅持する。全面的な厳しい党内統治の主体責任と監督責任を強め、党の指導機関と党員指導幹部、とくに主要な指導幹部への監督を強化し、党内監督体系を不断に充実させる。党風・廉潔政治建設と反腐敗闘争を深く推し進め、「ゼロ容認」の態度で腐敗を処罰し、汚職する勇気をくじくこと、汚職を不可能にすること、汚職する意欲をそぐことを一体的に推進する。

中国共産党の指導は中国の特色ある社会主義の最も本質的な特徴であり、中国の特色ある社会主義制度の最大の優位性でもあり、党は最高の政治指導力である。党・政・軍・民・学の各方面、東・西・南・北・中の全国各地は党が一切を指導する。党は、改革開放と社会主義現代化建設の要請に応え、科学的な執政、民主的な執政、法にもとづく執政を堅持し、党の指導を強化・改善しなければならない。党は、全局を統轄して各方面の協調をはかるという原則に則って、同級の各種組織のなかで指導の中心的役割を果たさなければならない。党は、力を集中して経済建設を指導し、各方面の力を組織し協調させ、一致協力して経済建設を軸に活動を展開し、経済社会の全面的な発展を促進しなければならない。党は、民主的で科学的な意思決定を行い、正しい路線・方針・政策を策定して実施し、党の組織活動と宣伝教育活動をしっかり行い、すべての党員の前衛・模範としての役割を発揮しなければならない。党は憲法・法律の範囲内で活動しなければならない。党は国の立法・司法・行政・監察機関や経済・文化組織、人民団体が積極的かつ自発的に、独立して責任を負いつつ一致協力して仕事に取り組めるよう保証しなければならない。党は労働組合、共産主義青年団、婦女連合会などの社会団体・組織への指導を強化して、これら団体・組織の政治性・先進性・大衆性を維持・強化し、役割を十分に発揮させなければならない。党は情勢の発展と状況の変化に応じて、指導体制を充実させ、指導方式を改善し、執政能力を増強しなければならない。共産党員は党外の大衆との協力を密にし、中国の特色ある社会主義の建設のためにともに奮闘しなければならない。

第一章　党員

第一条

満十八歳に達した中国の労働者、農民、軍人、知識人およびその他社会階層の先進者で、党の綱領と規約を認め、党の組織に加わって積極的に活動し、党の決議を実行し、期限通りに党費を納める意思がある者は、中国共産党への入党を申請できる。

第二条

中国共産党の党員は中国労働者階級の共産主義の自覚を持つ前衛戦士である。

中国共産党の党員は、誠心誠意人民に奉仕し、自分のすべてを捧げることをいとわず、共産主義の実現のために生涯奮闘しなければならない。

中国共産党員は永遠に一般勤労大衆の一員である。すべての党員は、法律と政策で規定された範囲内の個人の利益と職務上の権限以外のいかなる私利も特権も求めてはならない。

第三条

党員は、次の義務を履行しなければならない。

（一）マルクス・レーニン主義、毛沢東思想、鄧小平理論、「三つの代表」重要思想、科学的発展観、習近平の「新時代の中国の特色ある社会主義」思想を真剣に学習し、党の路線・方針・政策と決議を学び、党の基本知識、党の歴史、科学、文化、法律に関する知識、業務上の知識を身に付け、人民に奉仕する能力を高めるよう努める。

（二）「四つの意識」を強め、「四つの自信」を固め、「二つの擁護」を徹底し、党の基本路線と諸般の方針、政策を貫徹・実施し、率先して改革開放と社会主義現代化建設に参加し、経済の発展と社会の進歩のために刻苦奮闘するよう大衆を導き、生産、仕事、学習や社会生活のなかで前衛模範としての役割を果たす。

（三）党と人民の利益を至上のものとし、個人の利益を党と人民の利益に服従させ、人に先んじて苦労し、人に遅れて楽しむことを堅持し、私心を捨てて公に奉仕し、多くの貢献をする。
（四）自覚を持って党の規律――まずは党の政治規律と政治規則――を遵守し、国の法律法規を模範的に遵守し、党と国家の機密を厳しく守り、党の決定を実行し、組織による配属に従い、党の任務を積極的に遂行する。
（五）党の団結と統一を守り、党に忠誠を尽くし、言行を一致させ、あらゆる分派・派閥組織や小集団的活動に断固反対し、面従腹背の二面派的行為やすべての陰謀術策にも反対する。
（六）批判・自己批判を確実に繰り広げ、党の原則に違反している言行や活動のなかでの欠点や誤りを果敢に指摘して正し、消極腐敗現象と断固闘う。
（七）大衆と密接につながり、党の主張を広く大衆に伝え、事に当たる場合は大衆と相談し、大衆の意見と要求を遅滞なく党に報告し、大衆の正当な利益を守る。
（八）社会主義の新しい気風を発揚し、社会主義の核心的価値と社会主義の栄辱観を率先して実践し、共産主義的道徳を提唱し、中華民族の伝統的美徳を発揚し、国と人民の利益を守るために、いかなる困難や危険を前にしても、身を挺して勇敢に闘い、犠牲を恐れない。

第四条　党員は次の権利を有する。
（一）党の関連会議に参加し、党の関連文書を読み、党の教育と訓練を受ける。
（二）党の会議および党の機関紙で、党の政策問題に関する議論に参加できる。
（三）党の活動について提案および発議をすることができる。
（四）党の会議で、あらゆる党組織・党員に対し根拠ある批判を行うことができ、責任をもってあらゆる党組織・党員の法律・規律違反の事実を党に摘発・告発し、法律・規律違反党員への処分を要求し、職務に適さない幹部の罷免または更迭を要求することができる。

（五）議決権、選挙権を行使でき、被選挙権を持つ。

（六）党組織が党員に対する党規律処分を検討、決定する、または評定を行う際、本人はその会議に出席して弁明を行う権利を有し、ほかの党員はその党員のために証言し、弁護することができる。

（七）党の決議と政策に異なる意見がある場合は、その決議と政策の断固実行を前提にするなら、態度留保を声明することも、自分の意見を党の上級組織、ひいては党中央に提出することができる。

（八）党の上級組織、ひいては党中央に要請、申し立て、告発を行い、また関連組織に責任ある回答を求めることができる。

党のいかなる級の組織、さらには中央も、党員の上述の権利を剥奪する権限を有さない。

第五条

党勢の拡大にあたっては、政治的資質の要件を最も重視し、党の支部を経て、個々に吸収する原則を堅持しなければならない。

入党を申請する者は、入党志願書に必要事項を記入し、正式党員二名の推薦を受ける。申請者の入党は支部大会で可決され上級の党組織の承認を得なければならず、予備期間の観察を経て、はじめて正式党員となることができる。

推薦者は申請者の思想、品性、経歴、仕事ぶりをしっかりと把握し、申請者に党の綱領と党の規約、党員の条件および権利・義務について説明するとともに、責任をもって党組織に報告しなければならない。党の支部委員会は、入党申請者について、党内外の関連大衆から意見を求めることに留意し、厳格な審査を行わなければならず、適格と認められた後に支部大会で討議にかけるものとする。

上級の党組織は、申請者の入党を承認する前に、担当者と本人の面談を行って状況をさらに把握するとともに、入党申請者が党に対する認識を高めるのを手伝わなければならない。

特別な事情のもとでは、中央と省、自治区・直轄市の党委員会は、党員を直接受け入れることができる。

第六条

予備党員は党旗に向かって、入党の宣誓を行わなければならない。宣誓の言葉は次の通りである。

――私は、中国共産党への入党を志願し、党の綱領を擁護し、党の規約を遵守し、党員の義務を履行し、党の決定を実行し、党の規律を厳守し、党の秘密を守り、党に忠誠を尽くし、積極的に仕事をし、共産主義のために一生奮闘し、いつでも党と人民のためにすべてを捧げる心構えがあり、永遠に党を裏切らない、というものである。

第七条

予備党員の期間を一年とする。党組織は予備党員を真剣に教育し、観察する。

予備党員は正式党員と同様の義務を負う。予備党員の権利は議決権、選挙権、被選挙権を除き、正式党員と同じである。

予備党員の期間満了後、党支部は、正式党員への昇格の可否を遅滞なく討議するものとする。党員の義務を真剣に履行し、党員の条件を備えた者は、期限通り正式党員に昇格させなければならない。引き続き観察・教育の必要のある者については、予備期間を延長できるが、一年を超えてはならない。党員の義務を履行せず、党員の条件を備えていない者については、予備党員資格を取り消さなければならない。予備党員から正式党員への昇格、予備期間の延長、または予備党員資格の取り消しは、いずれも支部大会で討議したうえで決定し、上級党組織の承認を得なければならない。

予備党員の予備期間は、支部大会が予備党員としての入党を決定した日から起算する。党員の党歴については、予備期間が満了し正式党員に昇格した日から起算する。

第八条

すべての党員は、職務の高低を問わず、党の一支部、一小組またはその他の特定組織に編入され、党の組織生活に加わり、党内外の大衆の監督を受けなければならない。党員指導幹部は、党委員会、党小組の民主生活会にも出席しなければならない。党の組織生活に加わらず、党内外の大衆の監督を受けない「特殊党員」が存在することも許されない。

第九条

党員には離党の自由がある。党員が離党を求めたときは、支部大会で討議した後に除籍を発表するとともに、上級の党組織に報告して記録にとどめなければならない。

革命の意志に欠け、党員の義務を履行せず、党員の条件に合わない党員について、党支部は当該党員を教育し、期限を定めて是正を求める。教育しても改善が見られない者には、離党を勧告しなければならない。党員への離党勧告は、支部大会で討議したうえで決定し、上級の党組織に報告して承認を得なければならない。離党勧告を受けた党員がかたくなに離党を拒む場合は、支部大会にかけて討議して除籍を決定し、上級の党組織に報告して承認を得なければならない。

正当な理由もなく、六カ月以上党の組織生活に加わらないか、党費を納めない党員、または党の与えた仕事をしない党員は、自ら離党したものとみなす。支部大会は、このような党員の除籍を決定するとともに、上級の党組織に報告し承認を得なければならない。

第二章　党の組織制度

第十条

党は、自らの綱領と規約にもとづき、民主集中制にもとづいて組織された統一体である。党の民主集中制の基本原則は、次の通りである。

（一）党員個人は党の組織に服従し、少数は多数に服従し、下級組織は上級組織に服従し、全党のあらゆる組織と全党員は党の全国代表大会と中央委員会に服従する。

（二）党の各級指導機関は、それらが派遣する代表機関と党外組織の党組を除き、いずれも選挙によって選出する。

（三）党の最高指導機関は、党の全国代表大会とそれによって選出された中央委員会である。党の地方の各級指導機関は、党の地方の各級代表大会とそれらによって選出された委員会である。党の各級委員会は、同級の代表大会に対して責任を負うとともに、活動報告を行う。

（四）党の上級組織は、常に下級組織と党員・大衆の意見に耳を傾け、彼らの提起した問題を速やかに解決しなければならない。党の下級組織は、活動を上級組織に報告し指示を仰ぐ一方で、独自に責任を負って自らの職責範囲内の問題を解決しなければならない。上級組織と下級組織の間で情報を交換し、互いに支持しあい、監督しあわなければならない。党の各級組織は、規定に則って党務の公開を実施し、党員が党内の実務をよりよく理解し、党内の実務により多く参加するようにする。

（五）各級党委員会は、集団指導と個人責任分担が結びついた制度を実行する。重要問題はすべて、「集団指導、民主集中、個別の下相談、会議による決定」の原則にもとづいて、党委員会は集団で討議して、決定を下さなければならない。委員会のメンバーは、集団での決定と分担にもとづいて自らの職責を確実に履行しなければならない。

（六）党は、いかなる形の個人崇拝も禁ずる。党の指導者の活動が党と人民の監督のもとに置かれるよう保証するとともに、党と人民の利益を代表するすべての指導者の威信を守らなければばならない。

第十一条
党の各級代表大会の代表とその委員会の選出は、選挙人の意思を反映しなくてはならない。選挙は無記名投票の方式をとる。候補者名簿は、党組織と選挙人が十分な下準備と討議を経たものでなければならない。候補者数が選出者数を上回る差額選挙の方法によって、直接、本選挙を行うことができる。また、まず差額選挙の方法で予備選挙をして候補者を決めてから、本選挙をすることもできる。選挙人は、候補者の状況を知る権利、候補者の変更を求める権利、どの候補者も選ばない権利、ほかの者を選ぶ権利を有する。いかなる組織・個人も、特定の者を選ぶことまたは選ばないことを、さまざまな手段で選挙人に強制してはならない。

党の地方の各級代表大会と末端の代表大会の選挙で党規約違反が生じた場合、一級上の党委員会は調査、事実確認の後、選挙の無効および相応の措置をとる決定を下すとともに、さらに一級上の党委員会に報告し、その審査と承認を経て正式に発表し、決定を実行するものとする。

党の各級代表大会は代表の任期制を採用する。

第十二条
党の中央と地方の各級委員会は、必要に応じて、代表会議を招集し、解決すべき重要な問題を遅滞なく討議して決定する。代表会議の代表の定数とその選出方法については、代表会議を招集する委員会が決める。

第十三条
党組織の新設、または既存の党組織の廃止は、いずれも上級の党組織が決定しなければならない。

党の地方の各級代表大会と末端の代表大会の閉会期間中、上級の党組織は、必要と認めた場合、下級の党組織の責任者を異動させるか、または責任者を派遣することができる。

党の中央と地方の各級委員会は、代表機関を派遣することができる。

第十四条

党の中央と省・自治区・直轄市の委員会は巡視制度を実施し、一期の任期内に、管理下の地方、部門、企業・事業体の党組織への巡視をすみずみまで行き渡らせる。

中央の関係部・委員会と国家機関各部門の党組（党委員会）は、活動の必要に応じて、巡視活動を展開する。党の市（地区・自治州・盟）委員会と県（県級市・区・旗）委員会は巡察制度を確立する。

第十五条

党の各級指導機関は、下級組織と関係ある重要問題について決定をする場合、一般的状況のもとでは、下級組織に意見を求めなければならない。下級組織の正常な職権行使を保証しなければならない。下級組織の処理すべきすべての問題について、特別な事情がない限り、上級の指導機関はこれに関与してはならない。

第十六条

全国に関わる重要な政策問題については、党中央のみが決定権を持ち、各部門各地方の党組織は中央に提案を提出することはできるが、勝手に決定を行ったり、外部に主張を発表したりしてはならない。

党の下級組織は、上級組織の決定を断固実行しなければならない。下級組織は、上級組織の決定が当該地区と当該部門の実際状況に合わないと認めた場合には、変更を求めることができる。上級組織が依然として元の決定を変えない場合は、下級組織はその決定を必ず実施すべきであり、異なる意見を公に発表してはならない。ただし、さらに一級上の党組織に報告する権利を持つ。

党の各組織の新聞・雑誌とその他の宣伝手段は、党の路線、方針、政策および決議を宣伝しなければならない。

第十七条

党組織で問題を討議し決定を行う場合は、少数が多数に従う原則を実行し、重要問題を決定する場合は表決を行わなければならない。少数者の異なる意見に対しては、真剣に考慮すべきである。重要問題について論争が起こり、双方の人数に大差ない場合は、緊急事態のため多数の意見に従って実行しなければならない場合を除き、決定を下すのを見合わせ、さらなる調査研究を行い、意見を交換したうえで、次回再表決すべきである。特別な事情がある場合は、論争の状況を上級組織に報告し、裁決を仰いでもよい。党員個人が党組織を代表して重要な主張を発表する場合、所属する党組織が既に行った決定の範囲を超えるときは、所属する党組織がそれを討議にかけて決定するか、上級の党組織の指示を仰がなければならない。いかなる党員も役職の高低を問わず、個人で重要問題を決定してはならない。緊急事態のため個人が決定を下す必要がある場合は、事後速やかに党組織に報告しなければならない。独断専行したり、個人を組織の上に置いたりすることはどんな指導者にも許されない。

第十八条

党の中央、地方および末端の組織はいずれも党建設を重視し、党の宣伝活動、教育活動、組織活動、規律検査活動、大衆活動、統一戦線の活動などについて常に討議し、点検し、党内外の思想・政治状況の検討に気を配らなければならない。

第三章　党の中央組織

第十九条

党の全国代表大会は、五年ごとに一回開かれ、中央委員会がこれを招集する。中央委員会が必要と認めるか、または三分の一以上の省級組織が要求を出したときは、全国代表大会を繰り上げて開催できる。非常事態を除き、開催の延期はできない。

全国代表大会の代表の定数とその選出方法は、中央委員会が決定する。

第二十条

党の全国代表大会の職権は以下に定める通りである。

（一）中央委員会の報告を聞き取り、審査する。
（二）中央規律検査委員会の報告を審査する。
（三）党の重要問題を討議し、決定する。
（四）党規約を改正する。
（五）中央委員会を選出する。
（六）中央規律検査委員会を選出する。

第二十一条

党の全国代表会議の職権は、重要な問題を討議し、決定することである。中央委員会と中央規律検査委員会の一部メンバーの調整または補足選出である。調整または補足選出する中央委員および中央委員候補の数は、党の全国代表大会で選出された中央委員および中央委員候補のそれぞれの総数の五分の一を超えてはならない。

第二十二条

党の中央委員会の任期は各期五年とする。全国代表大会を繰り上げて開催する、または延期する場合、任期はそれに応じて変更する。中央委員会の委員と委員候補は、五年以上の党歴が必要である。中央委員会の委員と委員候補の定数は、全国代表大会が決定する。中央委員会の委員に欠員が生じたときは、中央委員会の委員候補のなかから得票数に応じて順次補う。

中央委員会全体会議は中央政治局が招集し、毎年少なくとも一回開催する。中央政治局は中央委員会全体会議に活動報告を行い、その監督を受ける。

中央委員会は、全国代表大会閉会中、全国代表大会の決議を実行し、党の活動全般を指導し、対外的に中国共産党を代表する。

第二十三条

党の中央政治局、中央政治局常務委員会、中央委員会総書記は中央委員会全体会議が選出する。中央委員会総書記は中央政治局常務委員会委員のなかから選出しなければならない。

中央政治局とその常務委員会は、中央委員会全体会議閉会中、中央委員会の職権を行使する。中央書記処は、中央政治局とその常務委員会の執務機構である。そのメンバーは中央政治局常務委員会が指名し、中央委員会全体会議で可決する。

中央委員会総書記は責任を持って中央政治局会議と中央政治局常務委員会会議を招集し、また中央書記処の活動を主宰する。

党の中央軍事委員会のメンバーは、中央委員会が決定し、中央軍事委員会で主席責任制を実行する。

各期の中央委員会によって選出された中央指導機構と中央指導者は、次期中央委員会が新しい中央指導機構と新しい中央指導者を選出するまでの間、次期全国代表大会開会中も、引き続き党の日常活動を主宰する。

第二十四条

中国人民解放軍の党組織は、中央委員会の指示にもとづいて活動を進める。中央軍事委員会は、軍隊における党の活動と政治活動に責任をもつ。軍隊における党の組織の体制と機構について規定する。

第四章　党の地方組織

第二十五条

党の省・自治区・直轄市の代表大会、区の置かれている市および自治州の代大会、県、自治県、区が置かれていない市および市の直轄区の代表大会は、五年に一回開催する。

党の地方各級代表大会は、同級の党委員会が招集し、特別な事情のもとでは、一級上の委員会の承認を経て、開催の前倒しまたは延期ができる。

党の地方各級代表大会の代表の定数と選出方法は、同級の党委員会が決定し、一級上の党委員会に報告して承認を得る。

第二十六条

党の地方各級代表大会の職権は次の通りである。

（一）同級の委員会の報告を聴取し、審査する。

（二）同級の規律検査委員会の報告を審査する。

（三）当該地区内の重要問題を討議し、決議を採択する。

（四）同級の党委員会を選出し、同級の党規律検査委員会を選出する。

第二十七条

党の省・自治区・直轄市の委員会、区の置かれている市および自治州の委員会の任期は各期五年とする。これらの委員会の委員と委員候補は、五年以上の党歴が必要である。

党の県・自治県の委員会、区が置かれていない市および市直轄区の委員会の任期は各期五年とする。これらの委員会の委員と委員候補は、三年以上の党歴が必要である。

党の地方各級代表大会が前倒しして開かれる、または延期される場合、選ばれる委員会の任期は、それに応じて変更する。

党の地方各委員会の委員と委員候補の定数は、それぞれ一級上の委員会が決定する。党の地方各級委員会の委員に欠員が生じたときは、委員候補のなかから得票数に応じて順次補う。

党の地方各級委員会の全体会議は、毎年少なくとも二回開催する。

党の地方各級委員会は、代表大会閉会期間中、上級の党組織の指示と同級の党代表大会の決議を執行し、当該地方の活動を指導し、上級の党委員会に定期的に活動を報告する。

第二十八条

党の地方各級委員会の全体会議は、常務委員会および書記、副書記を選び、上級の党委員会に報告して承認を得る。党の地方各級委員会の常務委員会は委員会全体会議閉会期間中、委員会の職権を行使する。新しい常務委員会が選出されるまでの間、次期代表大会開会期間中も、引き続き日常活動を主宰する。

党の地方各級委員会の常務委員会は、委員会全体会議に定期的に活動報告をして、その監督を受ける。

第二十九条

党の地区委員会と地区委員会に相当する組織は、党の省・自治区委員会がいくつかの県、自治県、市に派遣した代表機関である。それは、省・自治区委員会が授けた権限にもとづいて、当該地区の活動を指導する。

第五章　党の末端組織

第三十条

企業、農村、政府機関、学校、病院、科学研究機関、街道、コミュニティ、社会組織、人民解放軍の中隊およびその他の末端組織で、正式党員が三名以上いるところには、すべて党の末端組織をつくる。

党の末端組織は、活動の必要と党員数に応じ、上級党組織の承認を経て、党の末端委員会、総支部委員会、支部委員会をそれぞれ設ける。末端委員会は党員大会または代表大会で選挙によって選び、総支部委員会および支部委員会は党員大会の選挙によって選出するが、委員候補者を指名する場合、党員と大衆の意見を広く聞く必要がある。

第三十一条

党の末端委員会、総支部委員会と支部委員会の任期は各期三〜五年とする。末端委員会、総支部委員会、支部委員会の書記・副書記が選出された後、上級の党組織に報告して承認を得る必要がある。

第三十二条

党の末端組織は、社会の末端組織における党の戦闘の「砦」であり、党のすべての活動と戦闘力の基礎である。その基本任務は次の通りである。

（一）党の路線・方針・政策および党中央、上級組織、当該組織の決議を宣伝・実行して党員の前衛としての模範的役割を十分に発揮させ、「創先争優」活動に積極的に取り組み、党内外の幹部と大衆を団結させ組織して、当該企業や事業体の担うべき任務の完遂に努める。

（二）党員を組織して、マルクス・レーニン主義、毛沢東思想、鄧小平理論、「三つの代表」重要思想、科学的発展、習近平の「新時代の中国の特色ある社会主義」思想を真剣に学習し、学習教育の常態化・制度化、党史の学習・教育の常態化・制度化を進め、党の路線・方針・政策および決議、党の基本知識を学習し、科学、文化、法律および業務に関する知識を学習する。

（三）党員に対する教育・管理・監督、サービスの提供を行い、党員の資質を高め、理想と信念を確固たるものにし、党性を強める。また、党の組織生活を厳しくし、批判・自己批判を繰り広げ、党の規律を擁護・執行し、党員が確実に義務を履行するよう監督し、党員の権利が侵害されないよう保障する。流動党員に対する管理を強め、改善する。

（四）大衆と密接に結びつき、党員と党の活動に対する大衆の批判や意見に常に耳を傾け、大衆の正当な権利と利益を守り、大衆を対象にした思想政治活動をしっかりとする。

（五）党員と大衆の積極性と創意性を十分に発揮させ、そのなかの優れた人材を発掘・育成・推薦し、彼らが改革開放と社会主義現代化建設で才知を生かせるよう励まし支援する。

（六）入党を求める積極分子を教育・育成し、日常的な党勢拡大活動を行い、生産と仕事の第一線および青年層における党勢拡大を重視する。

（七）国の法律法規、国の財政経済関連法規および人事制度を厳格に守り、国、集団、大衆の利益を侵害しないよう党員・幹部とその他すべての公職要員を監督する。

（八）好ましくない傾向を自覚的に食い止める。

さまざまな規律・法律違反行為と断固闘うよう党員と大衆を教育する。

第三十三条

街道、郷、鎮の党の末端委員会と村、コミュニティの党組織は、当該地区の末端の各種組織と諸活動を統一的に指導し、末端の社会統治を強め、行政組織、経済組織、大衆的自治組織が職権を十分に行使することを支持し、保証する。

国有企業の党委員会（党組）は指導的役割を発揮し、方向をとらえ、大局をはかり、実施を保障し、企業の重要事項を規定にもとづいて検討・決定する。国有企業および集団所有制企業における党の末端組織は、企業の生産・経営を中心に活動を進める。当該企業における党と国の方針、政策の貫徹・実施を保証し、監督する。株主総会、取締役会、監事会および支配人（工場長）が職権を法にもとづいて行使するのを支持する。誠心誠意、職工（従業員）大衆に依拠し、職工代表大会が活動を展開するのを支持する。企業の重要問題の意思決定に参加する。党組織自体の建設を強め、思想政治活動と精神文明の建設、統一戦線の活動および労働組合共産主義青年団・婦女組織などの社会団体・組織を指導する。

非公有制経済体における党の末端組織は、党の方針・政策を貫き、企業が国の法律法規を遵守するよう導き、監督し、労働組合や共産主義青年団などの社会団体・組織を指導し、職工大衆を団結・結集させ、各方面の合法的な権利と利益を守り、企業の健全な発展を促進する。

社会組織における党の末端組織は、党の路線・方針・政策を宣伝・実行し、労働組合や共産主義青年団などの社会団体・組織を指導し、党員を教育管理し、大衆を導き、大衆に奉仕し、事業の発展を推進する。

行政指導者責任制を実施する事業体における党の末端組織は、戦闘の「砦」としての役割を発揮する。党委員会指導下の行政指導者責任制を実施する事業体における党の末端組織は、重要問題について討議して決定を行うとともに、行政指導者が職権を十分に行使できるよう保証する。

各級の党機関・国家機関における党の末端組織は、行政責任者の任務の遂行と仕事の改善に協力し、行政責任者を含む党員一人ひとりを監督・教育・管理するが、当該部門の業務活動は指導しない。

第三十四条

党支部は党の基礎的組織である。党員を直接教育・管理・監督し、大衆を組織・結集し、大衆に宣伝・奉仕する職責をもっている。

第六章　党の幹部

第三十五条

党の幹部は党の事業の中堅であり、人民の公僕であり、党に忠誠を尽くし清廉潔白を貫き責任を果敢に担わなければならない。党は才徳兼備と徳の優先の原則に則って幹部を選抜・登用し、各地・各方面から優れた者を取り立て、事業にふさわしい者を公明正大に選ぶことを堅持して、縁故者のみの任用に反対し、幹部陣の革命化、若年化、知識化、専門化の実現に努めるべきである。

党は幹部の教育、育成・訓練、選抜・登用、考課、監督、とくに優れた若い幹部の育成・選抜を重くみる。幹部制度の改革を積極的に進める。

党は女性幹部と少数民族幹部の育成、選抜・登用を重視する。

第三十六条

党の各級の指導幹部は、揺るぎない信念を持ち、人民に奉仕し、勤勉に政務に励み、果敢に責任を担い、清廉公正でなければならない。本規約第三条に規定された党員の諸義務を模範的に履行するとともに、次の基本条件を備えていなければならない。

（一）職責履行に必要な水準のマルクス・レーニン主義、毛沢東思想、鄧小平理論、「三つの代表」重要思想、科学的発展を身につけ、率先して習近平の「新時代の中国の特色ある社会主義」思想を貫徹・実行し、マルクス主義の立場、観点、方法で実際問題を分析し解決するよう努め、学習、政治、正しい気風を重視することを堅持し、さまざまな波風の試練に耐え抜く。

（二）共産主義の大きな理想と中国の特色ある社会主義に対する揺るぎない信念を持ち、党の基本路線と諸方針、政策を断固実施し、改革開放を志し、現代化事業に身を捧げ、社会主義建設のなかで刻苦精励し、正しい業績観を確立し、実践と大衆と歴史の検証に耐えられる実績を上げる。

（三）思想を解放し、事実にもとづいて真理を追究し、時代とともに前進し、開拓・革新に励むことを堅持して真剣に調査・研究を行い、党の方針、政策を地元や所在部門の実情と結びつけて優れた成果を上げられるよう仕事に取り組み、真実を語り、実のある仕事に努め、実効を求める。

（四）強い革命的使命感と政治的責任感を持ち、実践経験があり、指導的業務に耐え得る組織能力、教養水準および専門知識を備えている。

（五）人民から与えられた権力を正しく行使し、原則を堅持し、法律にもとづいて事を運び、清廉潔白で、人民のために政務に励み、自ら手本を示し、質実で労苦に耐え、大衆と密接に結びつき、党の大衆路線を堅持し、党と大衆からの批判と監督を自覚的に受け入れ、道徳修養を強化し、党性と品性を重んじ、率先垂範して自重・自省・自警・自励に努め、形式主義・官僚主義・享楽主義・贅沢浪費の風潮に反対し、特権意識・特権乱用に反対し、職権の乱用、私利の追求といった、いかなる行為にも反対する。

（六）党の民主集中制を堅持・維持し、民主的気風と大局観を備え、同志とうまく団結し、自分と異なる意見を持つ同志とも団結して一緒に仕事をする。

第三十七条

党員幹部は、党外の幹部との協力に積極的で、彼らを尊重し、彼らの長所を謙虚に学ばなければならない。

党の各級の組織は真剣に才能と学識を備えた党外の幹部を発掘して指導的地位に推薦することに秀で、彼らが職務に応じた権限を持ち、その役割を十分に発揮するのを保証しなければならない。

第三十八条

党の各級の指導幹部は、民主的選挙による選出、指導機関による任命にかかわらず、その職務はすべて終身的なものではない。異動または罷免することができる。

年齢と健康状態の関係で引き続き職務を担うのに適さない幹部は、国の規定にもとづいて定年退職するか、引退すべきである。

第七章　党の規律

第三十九条

党の規律は党の各級の組織と全党員が遵守すべき行動規則である。党の団結・統一を守り、党の任務を遂行するうえでの保証である。党の組織は党の規律を厳格に執行し、守り、共産党員は自覚を持って党の規律による規制を受ける必要がある。

第四十条

党の規律はおもに政治規律、組織規律、廉潔規律、大衆規律、活動規律、生活規律を含む。

前の誤りを後の戒めとし、批判によって立ち直りを助けることを堅持し、規律を厳しく執行し、規律に違反する者があれば必ず追及し、問題を早くて軽い段階で食い止め、誤りの性質および情状の軽重に応じて批判・教育し、反省を促し、訓戒を行い、さらには規律処分を下す。監督・規律執行の「四つの形態」を活用して「顔を赤らめ汗をかく真摯な批判」を習慣化し、党規律処分・組織調整を党管理・党統治の重要手段とし、重大な規律違反・刑法違反を犯した党員の党籍を剥奪しなければならない。

党内では、党の規約と国の法律に違反する手段で党員に対処することを厳禁し、攻撃・報復を加えたり、誣告して陥れたりすることを厳禁する。これらの規定に違反した組織または個人は、党の規律と国の法律による追及を受けなければならない。

第四十一条

党員への規律処分には、警告、厳重警告、党内職務の罷免、党籍を保留したうえでの視察、党籍剥奪の五つの種類がある。

党籍を保留したうえでの観察の期間は、長くても二年を超えてはならず、その間は議決権、選挙権、被選挙権を持たない。党籍を保留したうえでの観察を経て誤りを改めたことを確認できた党員については党員の権利を回復し、誤りをかたくなに改めない者については党籍剥奪処分に処す。

党籍剥奪は党内における最高の処分である。各級の党組織は、党員の党籍剥奪を決定または承認する場合、関連資料と意見について全面的に検討し、慎重を期さなければならない。

第四十二条

党員に対する規律処分は、支部大会での討議、決定を経て、党の末端委員会に報告し、承認を得る必要がある。関連する問題が比較的重要もしくは複雑な場合、または党員に党籍剥奪処分を下す場合は、それぞれの状況に応じて、県級または県級以上の党の規律検査委員会に報告し、審査・承認を経なければならない。特別な事情のもとでは、県級および県級以上の各級の党委員会と規律検査委員会は、直接党員への規律処分を決定する権限をもつ。党の中央委員会の委員、委員候補に警告、厳重警告処分を下す場合、中央規律検査委員会常務委員会で審議した後、党中央に報告し承認を得る必要がある。地方の各級党委員会委員、委員候補に警告、厳重警告処分を下す場合は、一級上の規律検査委員会の承認を得るとともに、同級の党委員会に報告して、公的記録を残さなければならない。

党の中央委員会と地方各級委員会の委員、委員候補に対し党内職務の罷免、党籍を保留したうえでの観察、または除名の処分を下す場合は、本人の所属する委員会全体の三分の二以上の多数で決定しなければならない。委員会全体会議閉会期間中は、まず中央政治局と地方各級委員会の常務委員会が処理の決定を行い、委員会全体会議が開かれる際にそれを追認してもよい。地方の各級委員会の委員および委員候補に対する前述の処分は、上級の規律検査委員会常務委員会で審議するとともに、この級の規律検査委員会が同級の党委員会に報告して、同級の党委員会の承認を経なければならない。

刑法に著しく違反した中央委員会の委員、委員候補については、中央政治局が党籍剥奪を決定する。刑法に著しく違反した地方各級委員会の委員、委員候補については、同級の委員会常務委員会が党籍剥奪を決める。

第四十三条

党組織は、党員に対する処分の決定を行うとき、事実にもとづいて真理を追究する態度で、事実関係をはっきり調査しなくてはならない。処分決定の根拠となる事実資料および処分の決定は本人に伝え、本人の事情説明と弁明を聴取しなければならない。本人は処分の決定に不服がある場合、不服申し立てをすることができる。関連党組織は責任を持ってこれを処理するか、または速やかに転送しなければならず、握りつぶしてはならない。誤った意見と不当な要求に固執することが確かな者については、批判・教育を施すべきである。

第四十四条

党の規律を守る面で党組織が職責を果たさな

い場合には、問責を受けなければならない。

党の規律に著しく違反しながら、自ら是正できない党組織について、一級上の党委員会は、事実を調べ、確認したあと、情状の重さに応じて改組または解散を決め、さらに一級上の党委員会に報告し、審査・承認を経てから正式に発表し、実行するものとする。

第八章　党の規律検査機関

第四十五条

党の中央規律検査委員会は、党の中央委員会の指導のもとで活動を行う。党の地方各級規律検査委員会と末端の規律検査委員会は、同級の党委員会および上級の規律検査委員会の二重の指導のもとで活動を行う。上級の党の規律検査委員会は下級の規律検査委員会への指導を強める。

党の各級の規律検査委員会の各期の任期は、同級の党委員会と同じである。

党の中央規律検査委員会全体会議は常務委員会、書記、副書記を選出して党の中央委員会に報告し、承認を得る必要がある。党の地方各級規律検査委員会全体会議は常務委員会、書記、副書記を選出して同級の党委員会で可決された後、上級の委員会に報告し、承認を得る。党の末端委員会に規律検査委員会を置くか、または規律検査委員を置くかは、一級上の党組織が具体的な状況にもとづいて決定する。党の総支部委員会と支部委員会に規律検査委員を置く。

党の中央と地方規律検査委員会は、同級の党と政府機関に党の規律検査組（チーム）を全面的に駐在させることができ、規定に従って関連国有企業・事業体に党の規律検査組を駐在させることができる。規律検査組の組長は、駐在先の党の指導組織の関連会議に出席することができる。その活動は、当該駐在先の党の指導組織からの支持を受けるべきである。

第四十六条

党の各級規律検査委員会は党内監督の専門機関である。主な任務は、党規約およびその他の党内法規を守ること、党の路線・方針・政策および決議の実行状況を点検すること、党の委員会に協力して全面的な厳しい党内統治を推進し、党風建設を強化し、反腐敗活動を組織・調整し、党と国家の監督体系の整備を推進することである。

党の各級の規律検査委員会の職責は監督、規律執行、問責である。具体的には次のようなことを行う。

◇　日頃から党員に規律遵守に関する教育を行い、党の規律の擁護に関する決定を出す。

◇　党組織と党員指導幹部の職責履行、権力行使に対する監督を行い、党員・大衆からの告発・通報を受理・処理し、面談による注意喚起、面談・書面調査を行う。

◇　党の規約およびその他の党内法規に違反した党組織と党員の比較的重要な案件または複雑な案件を検査、処理し、これら案件における党員への処分を決定または撤回する。

◇　問責を行うか責任追及についての意見を提出する。

◇　党員の告発と申し立てを受理する。

◇　党員の権利を保障する。

各級の規律検査委員会は、処理したきわめて重要または複雑な案件のなかで生じた問題および処理結果を同級の党委員会に報告しなければならない。党の地方の各級規律検査委員会と末端の規律検査委員会は同時に上級の規律検査委員会にこれを報告しなければならない。

各級の規律検査委員会は、同級の党委員会の委員に党規律違反行為があることを発見した場合、まずは初歩的な事実確認をすることができる。立件して検査する必要がある場合は、同級の党委員会に報告すると同時に、一級上の規律検査委員会に報告する。案件に常務委員が関わっている場合は、一級上の規律検査委員会に報告し、一級上の規律検査委員会が初歩的に確認する。審査を必要とする場合は、一級上の規律検査委員会が同級の党委員会に報告し、承認を求める。

第四十七条

上級の規律検査委員会は、下級の規律検査委員会の活動を点検する権限を持つ。下級の規律検査委員会が案件について行った決定を承認または変更する権限も持つ。それより下の規律検査委員会の決定が、すでに同級の党委員会の承認を得ている場合、決定の変更は一級上の党委員会の承認を得なければならない。

党の地方の各級規律検査委員会と末端の規律検査委員会は、同級の党委員会の案件処理の決定に異議がある場合、一級上の規律検査委員会に再審査を求めることができる。同級の党委員会あるいはそのメンバーに党規律違反があることを見つけたが、同級の党委員会が解決しないか、または正しく解決しない場合は、上級の規律検査委員会に申し立てを行い、その処理について協力を求める権限を持つ。

第九章　党組

第四十八条

中央と地方の政府機関、人民団体、経済組織、文化組織およびその他の非党組織の指導機関に党組を設けることができる。党組は指導的役割を果たす。党組の主な任務は次のとおりである。

◇責任を持って党の路線・方針・政策を実行する。

◇当該部門における党建設への指導を強化し、全面的な厳しい党内統治の責任を履行する。

◇当該部門の重要問題を議論して決定する。

◇幹部管理業務にしっかり取り組む。

◇末端党組織の設置・調整、党勢の拡大と

党員処分などを討議して決める。

◇党外の幹部と大衆を団結させ、党と国から与えられた任務を遂行する。

◇機関およびその直属部門の党組織の活動を指導する。

第四十九条

党組のメンバーは党組の成立を承認した党組織によって決める。党組には書記を設ける。必要な場合には副書記を置くことができる。

党組は成立を承認した党組織の指導に従わなければならない。

第五十条

管理下の部門に対し集中的・統一的指導を行う国の活動部門および関連部門の指導機関には、党委員会を設けることができる。党委員会の設置方法、職権および活動任務は中央が別に定める。

第十章　党と共産主義青年団との関係

第五十一条

中国共産主義青年団は、中国共産党が指導する先進的な青年の社会団体・組織である。広範な青年が実践のなかで中国の特色ある社会主義と共産主義を学習する学校である。党の助手および予備軍である。共産主義青年団中央委員会は、党中央委員会の指導を受ける。共産主義青年団の地方各級の組織は、同級の党委員会の指導を受ける。同時に共産主義青年団の上級組織の指導を受ける。

第五十二条

党の各級委員会は、共産主義青年団への指導を強め、青年団の幹部の選抜・登用と育成・訓練に気を配るべきである。党は青年団が広範な青年の特徴と必要にあわせて、生気はつらつとした、創意性に富む活動を進めるのを断固支持し、青年団の突撃隊としての役割、広範な青年と党をつなぐ架け橋としての役割を十分に発揮させるべきである。青年団の県級および県級以下の各級委員会の書記、企業や事業体の青年団委員会の書記は、党員である場合、同級の党の委員会および常務委員会の会議に列席できる。

第十一章　党の徽章および党旗

第五十三条

中国共産党の徽章は鎌とハンマーからなる図案とする。

第五十四条

中国共産党の党旗は金色の党の徽章の図案をあしらった赤旗とする。

第五十五条

中国共産党の徽章と党旗は中国共産党の象徴にしてマークである。党の各級組織とすべての党員は党の徽章と党旗の尊厳を守らなければならない。規定に従って党の徽章と党旗を製作し、使用しなければならない。

羽田野 主

（はだの・つかさ）

日本経済新聞編集局政治部記者

1979年大分市生まれ。2003年に日本経済新聞社に入社、日銀の金融政策や社会保障政策などを取材した。自民党幹事長や外務省を担当し、2017年に中国・清華大学で1年間の語学研修。2019年から4年間、中国総局で習近平指導部が率いる中国の動向を追った。2023年より現職。

中国共産党 支配の原理

巨大組織の未来と不安

2023年8月9日　1版1刷

著　者 ―――― 羽田野 主 ©Nikkei Inc., 2023

発行者 ―――― 國分正哉
発　行 ―――― 株式会社日経BP
　　　　　　　　日本経済新聞出版
発　売 ―――― 株式会社日経BPマーケティング
　　　　　　　　〒105-8308
　　　　　　　　東京都港区虎ノ門4-3-12
DTP ―――――― CAPS
印刷・製本 ―― シナノ印刷

ISBN978-4-296-11855-7　Printed in Japan

本書籍に関するお問い合わせ、ご連絡は下記にて承ります。
https://nkbp.jp/booksQA